NOMS PROPRES

SAINT-POLOIS

(Saint-Pol : Ville, Faubourgs et Banlieue)

RECUEILLIS PAR

Ed. EDMONT

Extrait de la Revue des Patois Gallo-Romans

NEUCHATEL

ATTINGER FRÈRES, IMPRIMEURS

1890

NOMS PROPRES

SAINT-POLOIS

NOMS PROPRES

SAINT-POLOIS

(Saint-Pol : Ville, Faubourgs et Banlieue)

RECUEILLIS PAR

Ed. EDMONT

Extrait de la REVUE DES PATOIS GALLO-ROMANS

NEUCHATEL

ATTINGER FRÈRES, IMPRIMEURS

1890

SYSTÈME GRAPHIQUE

Les lettres de l'alphabet conservent la valeur qu'elles ont en français. Ce sont : a, b, d, e, f, i, j, k, l, m, n, o, p, r, t, u, v, z.

Nota. — œ == *eu* français, w == *w* anglais, y == *y* français dans *yeux*, h marque l'aspiration française.

Lettres nouvelles. — u == *ou* français, ꭓ== *ch* français, g == *g* dur, s == *s* dure, w̃ == *u* dans *nuit*, ě == *e* muet français.

Voyelles. — brèves : ă, ĕ, ĭ, ŏ, ŭ, ü̆, ǎ, ǎ, ě, ě, ĭ, ŏ, etc.
   —   longues : ā, ē, ī, ō, ū, ǖ, ǟ, ā, ē, ē, ō, etc.
   —   ouvertes : à, à, à, è, è, è, ì, ò, ù, è̀, etc.
   —   fermées : á, é, é, é, ó, ó, ù, ú, é́, etc.
   —   nasales : ã, ã̀, ã́, ẽ, ẽ̀, ẽ́, õ, œ̃, etc. (ã == *an* français,
           ẽ == *in* fr., õ == *on*, œ̃ == *un*).
   —   demi-nasales : ȧ, ȯ, ȯ, ȧ, ᶐ, ȯ, etc. ᴏᴜ ã̇ , ĕ̇ , ŏ̇ , etc.

Nota. — Une voyelle sans aucun signe diacritique est une voyelle indéterminée. Une voyelle sans le signe ' ou ' est une voyelle *moyenne*.

Consonnes mouillées. — ļ == *l* mouillée, y == *n* mouillée ou *gn* français.

Consonne forte. — ř == *r* fortement roulée.

Sons intermédiaires. — Deux lettres superposées représentent les deux sons voisins : ᷂a, ᷂a, ᷂e, ᷂u, ᷂u, ᷂a, ᷂a, ᷂d, ᷂g, ᷂j, ᷂j, ᷂k, ᷂p, ᷂t, ᷂v, ᷂ſ, ᷂y, ᷂z.

Sons incomplets. — Caractères plus petits : a, e, i, u, a, i, d, g, b, k, t, l, w, u, y, etc.

N. B. — La pagination des pages 29 à 64 est à rectifier : elles sont par erreur numérotées 85-120.

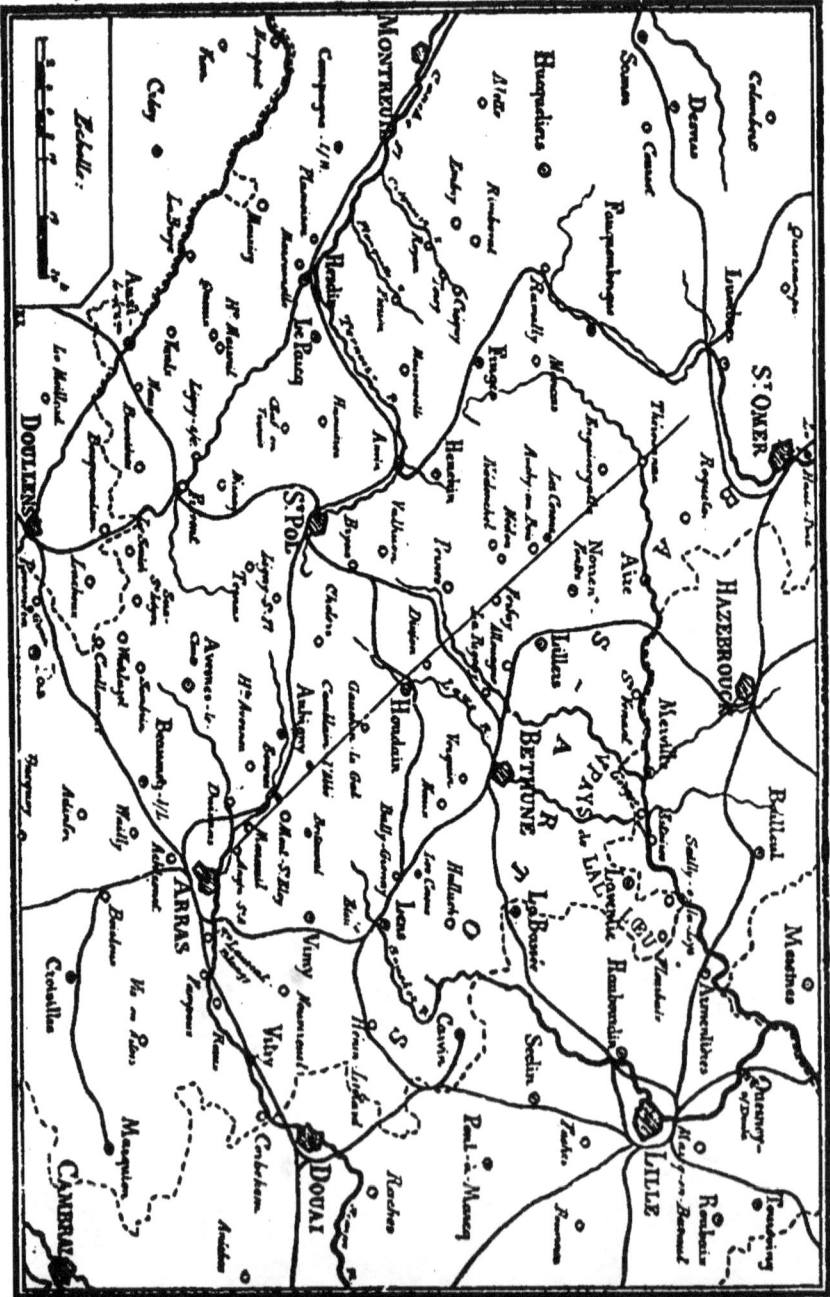

Villages
Hameaux
Chemins de fer
Routes nationales
Chemins de grande
communication
Limites d'arrondissement

Echelle   kil.

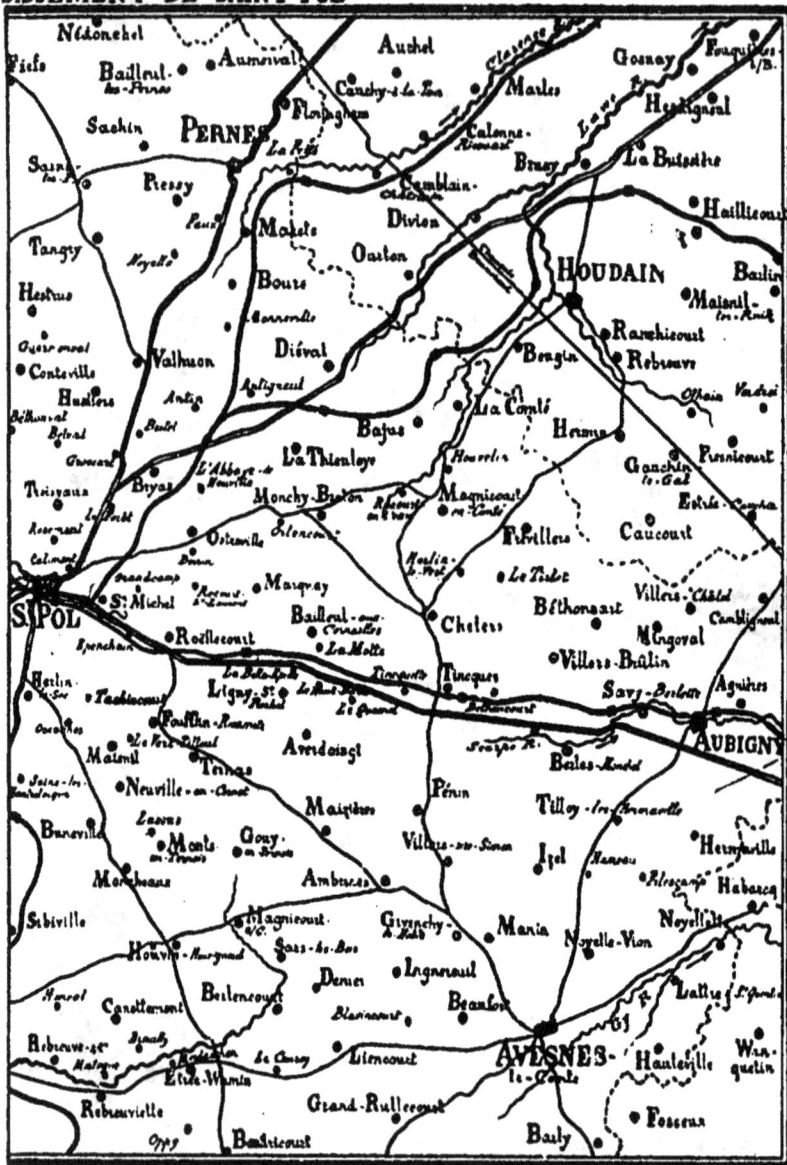

DISSEMENT DE SAINT-POL

SAINT-POL

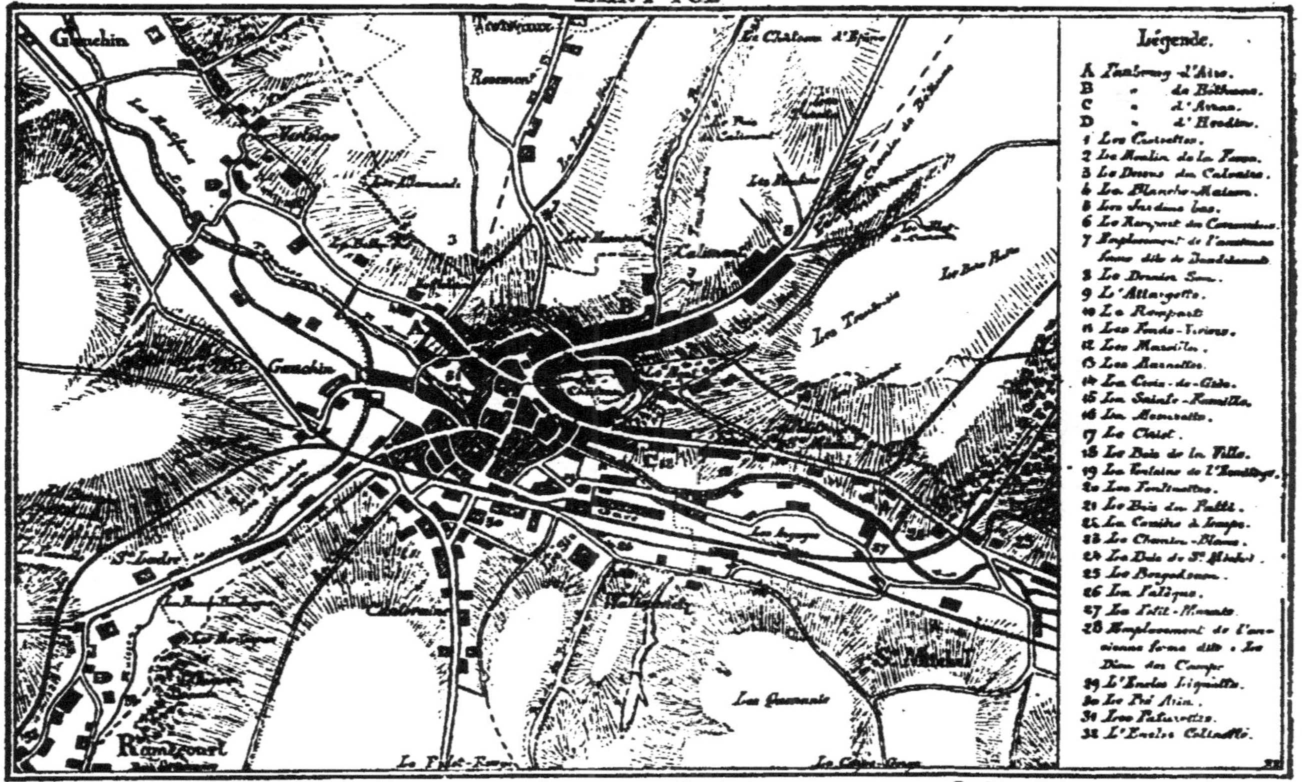

Echelle: —— mètres. ––– Sentier. ...... Limites de communes. ––– Emplacement des anciens remparts.

NOMS PROPRES SAINT-POLOIS

(Saint-Pol: Ville, faubourgs et banlieue.)

I. SOBRIQUETS [1]

Les surnoms de femmes sont précédés d'un astérisque.

Ceux d'individus de la banlieue sont suivis du nom de leur localité d'origine. Je les transcris comme on les y prononce.

Outre les sobriquets contemporains, j'ai cru devoir faire figurer dans cette liste, avec la forme que leur donneraient actuellement les Saint-Polois, un petit nombre de surnoms anciens, retrouvés dans diverses pièces des XVII⁰ et XVIII⁰ siècles.

De courtes notes, accompagnant la majeure partie de ces sobriquets, indiquent leur ancienneté, leur origine ou leur raison d'être. Je cite également les dictons, cris, taquineries ou agaceries des *găspyŏ* [2], etc., auxquels ils ont pu donner lieu.

Nota. — L'article et l'adjectif possessif sont comptés dans la série alphabétique.

ădŏf-tŏrtn. — A les jambes *torses* et se nomme *Adolphe.*

ăkŏïë. — Voir *zăkŏïë.*

ălbĕbĕrt. — D'*Albert*, nom de baptême.

ălbĭnŏs. — A cause de ses cheveux très-blonds, presque *blancs.*

ărsŏ, ou *ărsŏ păjĕ.* — *Paget*, nom de famille.

ărĕnă. — Frère d'*es bĕs.*

---

[1] *săbrĭkĕ, sărnŏ* ou *nŏ d' bărtĕk.* — La *bărtĕk,* — en francisant : *bretèque,* — était avant la Révolution dans les villes du Nord de la France, une sorte de tribune, ou simplement le balcon de l'hôtel-de-ville, d'où le Magistrat faisait faire la lecture des ordonnances, publications, bans, etc. Les *nŏ d 'bărtĕk,* quoique moins nombreux qu'autrefois, sont encore très usités à Saint-Pol, particulièrement dans les faubourgs. || [2] *găspyŏ* ou *găstăpyŏ,* gamin, ou plutôt gavroche.

1

bábĕ (Ramecourt).

bárábă. — Surnom de l'aubergiste chez qui se déclara l'incendie qui consuma complètement le faubourg d'Hesdin, en 1730.

'bărbĕt (Gauchin-Verloing). — Sont quatre sœurs ayant le même sobriquet; on les nomme aussi collectivement : *cĕ bărbĕt.* Voir *ttt-bărp.*

bárbă. — De père en fils depuis plus d'un siècle.

bằlĕt (Herlin-le-Sec).

'bătăklă. — De ce qu'un jour de carnaval, pour faire un *gălă*[1], il eut l'idée de se munir d'un attirail *(bătăklă)* d'ustensiles baroques et disparates.

bálls drln. — Jean-*Baptiste*, nom de baptême. Sa mère ou sa grand-mère se nommait Alexandrine (familièrement, *drln*).

bădŏw. — De ce qu'il avait continuellement un *bandeau* sur le front, à cause d'un coup de pistolet qu'il y avait reçu par accident. — Dit aussi : *vĕrdă.*

'bădă-săflaĕ[2] (Ramecourt). — De sa manière habituelle de se coiffer.

'bĕbĕt-cĭeă, ou simplement *bĕbĕt.* — Ivrognesse incorrigible, qui fut élevée *ămŏ cĭeă*[3]. On défend, aux enfants qui jouent, de *fĕr kŏm bĕbĕt,* c'est-à-dire de se rouler par terre ou dans le ruisseau, comme elle le fait trop souvent lorsqu'elle est ivre.

bĕlăkn.

bĕlĕr (Ostreville). — Était *mằlcŏ*[1] et vétérinaire sans diplôme, autrement dit : *mĕd'săĕ d' cĕ bĕt*[5]. — Un individu de Saint-Pol avait aussi ce surnom.

'bĕlŏt. — Est laide et *bĕrlăk*[6].

bĕnăs (Ramecourt). — On lui disait pour l'agacer : *bĕnăs! kăt ĕkăs*[7]! — De père en fils.

bĕnwă-lăp. — Est atteint d'une douce folie religieuse.

bĕnwă-jĭl (Saint-Michel).

bĕrgŏplŏm. — A peut-être assisté au siège de Berg-op-zoom. Sobriquet du siècle dernier.

'bĕrlă. — Était *bĕrlăk.* Ses compagnes lui criaient parfois, pour se moquer d'elle : *bĕrlă! ă prĕs!*

bĕrlăgă. — De Bellenguez *(bĕrlĕgă*, nom de famille.

bĕrnĕzyĕ (Pierremont).

bĕbă.

bĭbĭt-săkrĕy.

bĭdă-kăj (Ramecourt).

bĭdăt. — Existait déjà en 1780 dans la même famille.

bĭd'-d'ŏ̀:ĕl.

bĭjă. — Fils de *bĭjă-lĕ.*

bĭjă-lĕ. — Père de *bĭjă.* Était très fortement marqué de la petite vérole.

bĭnĕt. — Dit aussi *mĭelŏt.* — Un individu de Ramecourt porte le même surnom.

bĭnŏt. — Dit aussi *păylĕt* et *zyĕp.*

---

[1] Partie de carnaval. || [2] *bădă săflaĕ,* cheveux bien lissés et arrangés de manière à former, du front à la nuque, deux bandeaux bouffant à l'endroit des tempes. || [3] Chez *cĭeă.* || [4] Maréchal-ferrant. || [5] Médecin des bêtes. || [6] Qui louche || [7] Quatre *écouches!*

Fils d'*ele ravô d' marôk* (autrement dit : *plô-d' bô*), dont il porte aussi les sobriquets.

bîskiêl. — Avait le teint très *bis*.

bîstôlô (Monchy-Cayeux).

bîzôl.

bîzô. — De la couleur de son teint.

bla-d'ôkôl. — De ce qu'il avait jadis, dit-on, vendu du *bla-d'ôkôl*[1].

blaji. — Est originaire de Blangy-sur-Ternoise.

blôdô, et collectivement : *eê blôdô*. — Les membres de cette famille ont tous les cheveux *blonds*.

bôbôw. — Avait une manière à lui d'éconduire les gens ; il leur disait : *abîl tô tyô, vô-t-ô al môs*[2]*!* Il n'aurait pas fait bon de répliquer à cette injonction. — Sobriquet transmis à son fils.

bôdô. — Fils de *nênô bôdô*.

*`bôdô`. — Était une *kôs-à-l'ôtrô*[3]. Ce sobriquet lui est venu de ce qu'elle rentrait toujours chez elle *kôrkô kôm ô bôdô*[4].

bôrnîbôs. — Était *borgne*.

bôsôlôl. — Sobriquet du siècle dernier.

bôn-prôn. — Se nommait Joseph *Bonne*. Pour le taquiner, on lui disait : *bôn! bôn prôn*[5]*!*

bôn-sôp (Ramecourt). — Était garde-champêtre. J'eus un jour l'occasion de l'entendre convoquer un conseiller municipal de cette commune à une prochaine séance. Voici cette convocation verbale : *ôe môr ?l ô di k'ô s' rôdôe à el ôkôl dîmôe ôprô l' môs. e'ô pô e' kôôôl. ô vô l' swôt*[6]*!*

brô-d'ôr (Gauchin - Verloing). — Mauvais ménétrier *(rôklô d' bôyôw)*, ayant la réputation de toujours jouer le même air.

brôv-ôm. — Voir *sîz-ôrtôw*.

brô-bôt. — *Botte*, nom de famille.

brîkmôl. — A la démarche nonchalante et ne montre aucune énergie.

`brîyôl. — Vieille femme qui avait la spécialité de soigner les enfants malades. En leur administrant les lavements si fréquemment ordonnés autrefois, elle avait l'habitude de dire aux petits malades : *tôrn ôt brîyôl*[7]. D'où le sobriquet sous lequel elle était connue.

brôkôr[8]. — Allusion probable à sa denture. Sobriquet du siècle dernier.

brôtôs.

bôe-d'ôr. — Orateur des clubs de 1793. Sobriquet transmis à ses descendants.

---

[1] Blanc d'Espagne. ‖ [2] Habille ton chien, va-t'en à la messe. ‖ [3] Mendiant dont la spécialité est de demander un peu de paille pour regarnir sa paillasse. Inutile de dire que les *kôs-à-l'ôtrô* se hâtent de la vendre après leur tournée. ‖ [4] Chargée comme un baudet. ‖ [5] *prôn*, prune. ‖ [6] Ce (le) maire il a dit que vous vous rendiez à cette (l')école (où est la mairie) dimanche après la messe. C'est pour ce (le) conseil. On vous le souhaite (le bonjour). ‖ [7] Tourne ton derrière. — *brîyôl*, mot forgé par cette femme. ‖ [8] *brôkar*, s. m., dent canine des carnassiers, et par extension, dent d'une personne, lorsqu'elle est un peu longue.

bàe-trà. — Exerce la profession de vitrier.

bằk. — Parce qu'il avait une grande *bằk*[1].

bằlŏn (Eps).

bằlằt[2]. — Tout petit et assez gros, il a l'air de *rouler* en marchant.

bwằlẽ (Saint-Michel).

byẽfẽtằr. — Par antiphrase : il ne faisait l'aumône qu'à regret.

bzi, ou *ẽbzi.* — Était affecté d'un tremblement nerveux qui le faisait *bzinẽ,* c'est-à-dire qui lui mettait continuellement le corps et surtout la tête en mouvement. — *bzi* faisait parfois la contrebande. Un jour, un dénonciateur avisa la gendarmerie que notre homme devait, le lendemain, porter une *kẽrk ẽd tằbằk*[3] et la livrer à un individu, dans telle maison et à telle heure. Les gendarmes partirent pour y arriver au moment fixé ; mais, en route, ils rencontrèrent *bzi* qui, s'étant douté de la chose, avait porté *s' kẽrk* plus tôt, et qui s'empressa de leur dire : *ŏz dṛẽvrẽ trŏ tằr : j'ễn n'dreyẽ; dṛtằrnŏ ẽsằn*[4]. D'où ce dicton fort connu à Saint-Pol : *ẽj fẽ kŏm ẽbzi : j'ễn n'dreyẽ*[5].

eằl-dằe (Croisettes).

eằpằn (Saint-Michel).

eẽ blẽrẽ. — Sobriquet donné, à cause de leur casquette *bleue,* aux membres de l'ancienne société musicale *Les Amateurs-Réunis.*

eẽeẽ.

'eẽ dẽ. — Surnom de deux vieilles filles, dont l'une avait de très longues incisives, *dẽ dẽ kŏm dẽ pẽl*[6].

'eẽ drisẽt. — Ce sont les filles de *tydṛ-ẽ-brẽzẽt.*

eẽ kằmằlŏ (Bailleul-aux-Cornailles). — Surnom donné autrefois aux habitants du hameau de la Motte. Il fut un temps, paraît-il, où le château de la Motte était habité par une bande de malfaiteurs, qui se désignaient ainsi entre eux.

eẽ kằryẽlẽrẽ. — On avait ainsi surnommé les individus soupçonnés d'avoir pillé la caisse de l'État, qu'un courrier conduisait de Saint-Pol à Arras, vers le commencement de ce siècle, lequel fut attaqué et dévalisé dans les bois du Barlet.

'eẽl grằd' liẽ.

'eẽl lẽeẽs. — Très méchante femme.

'eẽl dit rằs. — Est petite et a les cheveux presque roux. Dite aussi *lằ rằs.*

'eẽ mằkẽt (Œuf-en-Ternois). — Filles d'*eẽ mằkẽ.*

'eẽz ằntẽ[7] (Saint-Michel). Est-ce parce qu'elles aiment à *cancaner*?

eẽz ẽpŏnẽẽ. — Surnom que s'étaient donnés les habitants du faubourg d'Hesdin, à l'époque des rivalités qui divisaient si fortement les divers quartiers de Saint-Pol. —

---

[1] Bouche. ‖ [2] Faire *bằlằt,* culbuter, rouler en tombant. ‖ [3] Charge de tabac. ‖ [4] Vous arriverez trop tard : j'en reviens; retournons ensemble. ‖ [5] Je fais comme *ẽbzi :* j'en reviens. ‖ [6] Des dents comme des pelles. ‖ [7] Cane.

Allusion au nom des habitants du faubourg du Haut-Pont, à Saint-Omer (Hautponnais).

côà̌d. — De ce qu'il était un peu *côàil*[1].

cîmîk. — De père en fils.

'cîryàn.

côpèt (Rosemont, commune de Saint-Pol). — Pour se moquer de lui, les gamins lui récitaient, sur un ton cadencé, cette sorte de formulette :

  ôn ô dôîè,   *sît ô îêl,*

côpèt ô vêrôiè! . . . . . .

• *trwô ô kat,*   *nôf ô dîe,*

il ô malad'!   *î pîe!*

ẽk ô sîs,   *ôt ô dôl,*

il a la drîs!   *i drôs*[2]*!*

' dàdàr-pînèt.

dàdîs. — Parlait, marmottait sans cesse : un vrai *dàdîs*[3].

dàràs.

dêdê (Troisvaux).

dêgrîl.

dôkàza. — De ce que, dans son enfance, il avait porté des vêtements délabrés, troués, *décousus.*

dôlêil (Diéval).

dênîzê.

dôvêr.

dômînô dàvô. — *Dancin,* nom de famille.

dàtrô.

dàtyô.

dàdàs. — Portait le prénom d'Auguste.

dyà-l'adôl. — De la famille des *l'adôl.* Était charretier et criait continuellement : *dyà! dyà!* à son cheval, le plus souvent sans motif.

ĕbzf. — Voir *bzf.*

ĕ balôtâè[4].

ĕ bàrnàtyê. — De ce qu'il gagnait sa vie à porter des *bàrnày*[3].

ĕ bà̌ô (Monchy-Breton).

ĕ bàrô d' la àsplçôl. — Du titre et du nom qu'il se donnait lorsqu'il était étudiant.

ĕ bàyf.

ĕ bèg-kôra. — Était bègue. *Corne,* nom de famille.

ĕ bègtô (Pernes-en-Artois). — Parce qu'il est *bègue.*

ĕ bèrjê. — Contrebandier de profession ; fils d'*ĕ bô.*

ĕ bèrla (Rainecourt). — Est *bèrlà*[6].

ĕ bôs. — Frère d'*drênà.*

ĕ blt. — Voir *ti blt.*

ĕ blît (Saint-Michel).

---

[1] Minutieux à l'excès, s'occupant à des riens. ‖ [2] Une et deux, — *côpèt* est véreux! — Trois et quatre, — il est malade! — Cinq et six, — il a la *drisse!* — Sept et huit, — .....! — Neuf et dix, — il pisse! — Onze et douze, — il *drousse! (drîs* ou *drôs,* diarrhée; — *drîsê* ou *drôsê,* évacuer des excréments liquides). ‖ [3] Individu qui parle sans cesse, qui vous ennuie de son bavardage. ‖ [4] *ĕ* ou *e*, selon le cas: *àmô d'ĕ bô,* — *vlô e' bô.* — Remarquer que *e,* devant les consonnes *b, d, f, g, j, p, v,* s'adoucit fréquemment en *j,* quelquefois même en *j;* devant *s, z,* il devient souvent *j*, *j.* ‖ [5] Contenu d'un tonneau de vidange. ‖ [6] *bèrlà,* fém. *bèrlàk,* qui louche.

ču blö (Bryas). — A les cheveux blonds.

ču bö-dyñ. — Voir *ču dyñ*.

ču bö-lñwŕ. — Caractère trop facile, une vraie *bёt dŭ bö dyñ*[1].

ču bŭ. — De ce qu'il a la tête grosse et le cou très-épais.

ču bŭ d'ōm. — De père en fils. Sont tous de petite taille.

ču bŭkŭndŵ. — A cause de sa grosse voix *(grŭd bŭk)*, ou du *bŭkŭ*[2] qu'il faisait ou provoquait bien souvent.

ču bŭrdŵ. — Grand mangeur et grand amateur de bonne chère; il était réputé *n'ē prŭd dŭ bön pŭsly*[3]. — Un de ses fils porte le même sobriquet. Voir *pŭt-d'ŭnёt.*

ču bŭrgŵ.

ču côpŭdŵ. — De ce qu'il aime à *côpё*[4].

ču dŭk. — Deux individus portent ce sobriquet.

ču dё (Herlincourt). — De ce qu'il avait une dent qui *ёkŭpwёy*[5].

ču dĭ. — Était bègue. Ce sobriquet lui vient de ce qu'en bégayant, il avait l'habitude de répéter continuellement: *j' dĭ, j' dĭ, j' dĭ.*

ču dôyŭ (Ligny-Saint-Flochel).

ču drŭgö. — Fils de *lŭ drŭgön.*

ču dñk.

ču dñr (Ligny-Saint-Flochel). — Un dur-à-cuire.

ču dñs. — Dit aussi *stё dñs.*

ču dyñ. — Très ancien sobriquet transmis de père en fils. — Dit aussi *e' bö dyñ* et *e' tĭ dyñ.*

ču dyñ d' mŏcŵ (Moncheaux). — De ce qu'il est fabricant d' *bö dyñ*[6].

ču fĭcŵ (Herlin-le-Sec). — Individu de petite taille, maigre et fluet, qui pourrait, au besoin, passer par de petites ouvertures, comme le font les *fĭcŵ*[7].

ču flё (Ramecourt).

ču fôdŭ (Herlin-le-Sec). — Très ancien surnom transmis de père en fils. On croit que le premier qui le porta était *fondeur* de cloches[8].

ču frizё bŭyŭr. — Avait les cheveux frisés. — *Bayard*, nom de famille.

ču gŭñ (Œuf-en-Ternois).

ču gĭy.

ču gñs (Herlin-le-Sec). — De ce qu'il aimait le *gñs*[8] à la folie.

ču gôjŭ. — Est un *gôjŭ*[9] en retraite.

ču gŭwŵ. — D'un terme d'amitié: *mё gŭwŵ*, que ses parents lui appliquaient dans son enfance.

ču gŭgŭwŵ. — Même origine sans doute qu'*ču gŭwŵ.*

ču grŭ-cŭl (Belval, commune de Troisvaux). — *Le grand Charles.*

ču grŭ-kñ ou *e' tĭ kñ.* — Fils d'*ču kñ;* est de grande taille.

---

[1] Bonasse. || [2] Tapage causé par des individus qui *s'ёgñlt.* || [3] En prendre de bonnes *rentrées.* || [4] Boire des *côp.* La *chope* de bière, qui devrait être de la contenance d'une *pёt* (demi-litre), ne contient guère aujourd'hui plus qu'un *bock.* || [5] Faisait saillie. || [6] De crucifix. || [7] Putois. || [8] Bouillie faite avec de la farine et du lait de beurre; on y ajoute parfois des pommes ou des *kŭvrŭ* (sorte de petites prunes aigres): *dŭ gñs d pёm, dŭ gñs d kŭvrŭ.* || [9] Vérificateur des poids et mesures.

ĕ̆ grĭ. — Un individu de Tincques porte le même sobriquet.

ĕ̆ grŏ. — A cause de sa corpulence.

ĕ̆ grŏ ᵭjŏᵚ. — Un Lovelace. Sobriquet caractéristique.

ĕ̆ kᾰ̆daˀ (Herlin-le-Sec).

ĕ̆ kᾰlŏ. — Sobriquet porté depuis
très longtemps par tous les membres
de la famille *Lecas*. Quelques-uns
sont dit : e'tĭ kᾰlŏ.

ĕ̆ kᾰlŏᵭˡᵉᵒ (Gauchin-Verloing). —
Passerait ses journées à kᾰlŏᵭᵉĭ.

ĕ̆ kᾰnᵘᵃn. — De père en fils.

ĕ̆ kᾰ̆pĭttᵉn (Ramecourt). — Fut
militaire (non gradé).

ĕ̆ kᾰrᾰbŏ. — De père en fils depuis très longtemps. Le père de celui qui est décédé il y a environ un
an était vᾰrlᵉ d' bᾰ̆ryŏᵚˀ; c'était lui
qui préparait la plate-forme où l'on
exposait les condamnés au carcan;
il aidait aussi au montage des bois
de justice, quand une exécution capitale avait lieu à Saint-Pol.

ĕ̆ kᾰrᾰbᾰyᵉ. — D'une enseigne de
cabaret : *Au Carabinier*. Sobriquet
transmis de père en fils.

ĕ̆ kᾰˀᴸᾰ-bŏᵭᵉ (Fouflïn-Ricametz).

ĕ̆ kᾰˀᴸŏ (Troisvaux). —· Avait été
kᾰˀᴸŏˀ.

ĕ̆ kᾰ̆ᾰ. — Sobriquet du siècle
dernier⁴.

ĕ̆ kᵉ̆kᵉ̆. — De ce qu'il est un peu
bègue.

ĕ̆ kŏ. — De ce que, dans son en-

fance, ses parents l'appelaient familièrement : mᵉ̆ kŏˀ.

ĕ̆ klᾰ̆ᾰ (Herlin-le-Sec).

ĕ̆ klᵉ̆ŏᵚ (Ramecourt).

ˀĕ̆ kᵐᵉ̆ d' fᵉ̆r. — A cause de la
rapidité de sa marche.

ĕ̆ kŏ (Gauchin-Verloing). — De
Lecas, nom de famille.

ĕ̆ kŏ (La Forêt, commune de
Saint-Pol). — Cabaretier à l'enseigne
du *Coq chantant*.

ĕ̆ kŏk. — Se nomme *Cocq*.

ĕ̆ kᵒ̆klᵉ̆. — De ce que sa mère
était une *Cocq*⁶.

ĕ̆ kᵒ̆kŏ (Œuf-en-Ternois).

ĕ̆ᵉ kŏskrĭ (Saint-Michel). — De
père en fils.

ĕ̆ krᵉ̆kᾰ̆l (Saint-Michel).

ĕ̆ kᾰ̆ blᾰ̆.

ĕ̆ kᾰ̆ d' plŏ ou e' plŏ. — De ce
qu'il est toujours assis (Il est cordonnier).

ĕ̆ kᾰ̆ryᵧ. — De ce qu'il a au sommet de la tête une cicatrice en forme
de tonsure, résultat d'un coup de
caillou qu'il y reçut un jour.

ĕ̆ kᾰ̆kᾰ̆ (Ramecourt).

ĕ̆ kᾰ̆rᵓyᵉ̆.

ˀᵭᵉl ᾰyᾰe. — Parce qu'elle marche en sautillant. On dit ici : sauter
comme ᵓn ᾰyᾰe⁷.

ᵭᵉl ᾰjᵉ̆ (Ostreville). — Fut *agent
national* de cette commune à l'époque révolutionnaire.

ĕ̆ lᾰ̆pᵉ̆ (Hestrus).

ᵭᵉl ᾰrᾰbᵉ̆ᵭᵉ̆. — Marchait le corps

---

¹ Babiller, bavarder. ‖ ² Valet de bourreau. ‖ ³ Charron. ‖ ⁴ kᾰ̆ᾰ,
matou. ‖ ⁵ mᵉ̆ kŏ, mᵉ̆ kᵉ̆kᵉ̆, mᵉ̆ kᵉ̆kŏ, termes d'amitié donnés fréquemment
aux enfants. ‖ ⁶ kᵒ̆klᵉ̆, jeune coq, petit coq. ‖ ⁷ Une pie.

renversé, à cause d'une piqûre qu'il se fit un jour à la base de la colonne vertébrale. — Dit aussi *e' reversèy*.

èel àrtìs. — Est en toutes choses ingénieux et très adroit.

'èel àrtràsèt (Gauchin-Verloing).

èel dvòkà. — Très ancien surnom porté par les membres de deux familles différentes et transmis de père en fils. Les premiers qui furent ainsi appelés étaient sans doute de beaux parleurs, des *dvòkà*[1].

èel èjìpsyò.

èe lè lìtè. — Était un *lìtè* fort *laid* de visage.

èel èùòlò.

èel èvèk a bôdè. — On avait ainsi surnommé le second évêque constitutionnel du Pas-de-Calais, M. Asselin, parce qu'il avait l'habitude de se servir d'un âne dans le cours de ses tournées pastorales.

èel ĩglè (Pronay, commune de Ramecourt). — Soldat anglais qui s'y est fixé après l'occupation de 1815-1817. — Sobriquet passé à ses descendants.

èel èjèyèr ou *el èjìyèr*. — De ce qu'il était adroit, *ingénieux* en toutes sortes de travaux.

èe llnènà (Gouy-en-Ternois).

'èel lreò. — De ce qu'elle était toute petite, dans son enfance[2].

èe lòrè. — De ce qu'il avait été *lòrè*[3].

èe lòèü.

èel àrlò.

èel èjòue.

èel èrs. — Était cabaretier à l'enseigne de l'*Ours blanc*.

èel èrs kòyè. — De ce qu'il remplit un jour le rôle d'un *ours*, dans une partie de carnaval. — *Collier*, nom de famille.

èel èjò (Étrée-Wamin).

èe lèè (Saint-Michel).

èe màlfàjèà[4] (Ligny-Saint-Flochel). — De ce qu'étant berger, il nourrissait bien souvent ses moutons au détriment du contenu de la grange de son maître, et à l'insu de ce dernier. — De père en fils.

èe màllèò (Herlin-le-Sec). — Avait été *maréchal-ferrant*.

èe màrkì d' bwd-mòr — Voir *kà d' pàtàlò d pyès*.

èe màrkì dèz àgèt[5]. — Fils d'un marchand de bois et marchand de bois lui-même. Est *à mòlè àblàydèü*[6] et prend volontiers un petit air protecteur lorsqu'il parle à *sè jè*[7].

èe màrkì d' fàlèr. — Beau parleur, haut de taille, belles manières.

---

[1] Celui qui fait l'important, qui croit tout savoir, qui donne sentencieusement son avis. ǁ [2] *lreò*, hérisson; au fig., enfant relativement petit, moutard. ǁ [3] Tueur, écorcheur de bêtes (chats, chiens, etc.). ǁ [4] *màlfàjèà*, malfaisant, méchant. ǁ [5] *àgèt*, branche de chêne écorcée servant pour le chauffage. ǁ [6] Un peu hâbleur, faiseur d'embarras. ǁ [7] Aux gens.

Fut clerc d'avoué et devint un jour conseiller municipal, à grand renfort de *sòp*[1] et de belles paroles.

és mĭnèr. — De ce qu'il fut sapeur-*mineur* dans l'arme du génie.

és mòrdŭk. — De ce qu'il jurait et sacrait *à mòr é à dŏk*[2].

és mŭyûw.

és mŭzĭ — De ce qu'il était devenu grison dans un âge peu avancé[3].

és mŭkĕ (Œuf-en-Ternois).

és mŭl. — Bel homme, de haute taille et bien proportionné : un beau moule. — On dit encore aujourd'hui, par dérision, d'un individu laid et difforme : *vlà-t-i pa û byó mŭl*[4]!

és mŭryŭ[1] (Divion).

és mŭẁn (Œuf-en-Ternois). — Se nomme *Lemoine*.

és nwŭr, et collectivement : *éŝ nwŭr.* — Membres d'une même famille, ayant le teint basané et une chevelure très noire rappelant le type des Espagnols, dont on prétend qu'ils descendent.

és yĕ. — Individu décédé vers 1830. Ainsi surnommé à cause de sa niaiserie.

és pŭyŏ. — De père en fils depuis très longtemps.

és pŭtrŏ.

és pèr. — Deux individus portaient ce surnom.

és pèr fŭrŏ. — Était cabaretier à l'enseigne du *Père Faro*.

és pĕlt. — De ce que, dans son enfance, on le nommait ainsi, pour le distinguer de son frère aîné.

és pĭkŏ. — De ce qu'il a, je crois, le verbe un peu *haut*.

és pĭstŏ (Saint-Michel).

és plŏ. — Voir *és kŭ d' plŏ*.

és plŭ (Saint-Michel).

és pŏsŭr (Herlin-le-Sec). — De ce qu'il avait la fâcheuse habitude de *pŏsĕ*[5], ou de pincer toutes les personnes qui l'approchaient ou qui lui parlaient, particulièrement les jeunes filles.

és pŏtŏyĕ. — D'une enseigne de cabaret : *Au Pontonnier*

és prŭfŭ. — De père en fils depuis très longtemps. Les *prŭfŭ* sont tous quelque peu *dvŏka*[6], et ont l'air de se croire supérieurs à leurs concitoyens. — Un individu de Saint-Martin-Eglise porte également ce sobriquet.

és près. — Avait une démarche noble et prenait des airs tout à fait princiers. — Un individu de Lenzeux porte le même sobriquet.

és rèvèrsèy. — Voir *ésl ŭrdrĕcĕ*.

és r\te. — Individu devenu riche presque subitement. Dit aussi *tt tŭ*.

és rŏ (Œuf-en-Ternois).

és rŭmŭ (Saint-Michel).

és rŭ (Œuf-en-Ternois).

és rŭs. — Dit aussi *lŭ tèrŭr* et *frĭskĕ*. Voir *lŭ tèrŭr*.

és rŭ. — De la couleur de ses cheveux.

---

[1] *sòp* = *bock* de bière. || [2] Continuellement, à outrance. || [3] *mŭzĭ*, moisi. || [4] Voilà-t-il pas un beau moule! || [5] Presser fortement avec le pouce (*pŏŭw*). || [6] Qui fait l'important, qui croit tout savoir.

de rû mârteö. — De la couleur de ses cheveux. Exerçait la profession de maréchal-ferrant.

de ruè d' mârök. — A fait la campagne d'Isly. Aimait à se vanter, et amplifiait fortement le récit de son expédition. Dit aussi *plô·d' bô.* — Surnoms restés à son fils.

de ruè d' plk. — En lui tout est raide et fier, démarche, caractère, parole, etc. On dit ici : *ruè kūm œ plk*[1].

de sâ-préfé (Bailleul-a.-Cornailles).

de târtîr.

de târô. — Est un *ôdè*[2] passionné, particulièrement amateur de *tarins.*

de tâpô. — De père en fils depuis plus d'un siècle.

de télégłâf (Gauchin-Verloing). — De ce qu'elle gesticule fort en parlant, et colporte très rapidement les nouvelles.

de tô (Saint-Michel). — De père en fils depuis très longtemps.

de tî bâtîs (Gauchin-Verl⁰ʳ). — Par antiphrase : il a près de six pieds[3].

de tî bâyt.

de tî bèrjé (Ramecourt). — Son père était berger. Il venait très souvent à Saint-Pol, une hotte sur le dos, et avait l'habitude, à chaque voyage et en bon chrétien qu'il était, de faire à l'église le chemin de la Croix..., sans quitter sa hotte.

de tî blèö. — Avait été dans la musique des *blèö.* Voir *sê blèö.*

de tî bô.

de tîerô. — De la profession qu'il exerçait[4].

de tîerô tîkèt. — Même origine que le précédent.

de tî dôj. — De *Docminy,* nom de famille.

de tî drâgô. — Plus petit de taille que son frère *de drâgô.*

de tî dyû. — Voir *de dyû.*

de tî gèö. — De ce que, dans son enfance, ses parents lui donnaient toujours ce nom d'amitié : *mè pti gèö.*

de tî gri. — Les gamins ne manquent pas de crier derrière lui : *de tî gri! tl ô tyé ô lî*[5]!

de tî kâlè.

de tî kâlô. — Voir *de kâlô.*

de tî kârô. — De ce que son père était charron. Comme il aimait à *élvè l' kôd*[6] de temps à autre (sans compter d'autres petits défauts), on lui avait composé une chanson dont je n'ai pu me procurer que le refrain, que voici :

> *vîvè de tî kârô*
> *kî n'a pā kèr la gôtə*
> *vîvè de tî kârô*
> *k'îl ô kèr sê kâr kôtrô*[7]!

de tî kô. — Voir *de grā kô.*

---

[1] Raide comme un pic. — Roi de pique (au jeu de cartes). — Il y a une sorte de jeu de mots dans ce sobriquet. ‖ [2] Oiseleur *(tendeur).* ‖ [3] *tî,* petit : *de tî bâtîs,* le petit Baptiste. ‖ [4] *tîerô,* tisserand. ‖ [5] Il a chié au lit. ‖ [6] Lever le coude, boire. ‖ [7] Vive *de tî kârô* — Qui n'a pas cher la goutte! — Vive *de tî kârô* — Qu'il a cher ces (les) courts jupons! — *sê kâr kôtrô,* les femmes.

ĕ ti kŏk.

ĕ ti kŏklĕ. — Fils d'ĕ kŏklĕ.

ĕ ti lĭleï. — Est tout petit et se nomme Louis.

ĕ ti mŏl.

ĕ ti mĕt.

ĕ ti pãpã.

ĕ ti pãtrŏ. — Neveu d'ĕ pãtrŏ.

ĕ ti pŏtyĕ. — De ce qu'il était de petite taille, et avait épousé la fille d'un potier.

ĕ ti prĕfĕ. — Fils d'ĕ prĕfĕ.

ĕ ti pyĕ. — De ce qu'il a un pied difforme et plus petit que l'autre.

ĕ ti rŭ. — A cause de sa petite taille et de la couleur de ses cheveux.

'ĕ ti sĕrja. — Cabaretière dĕ e' fãrbŭ[1], qui partit un beau jour avec un sergent d'infanterie de passage à Saint-Pol.

ĕ ti sĭj. — De ce qu'il a joué un jour le rôle d'un singe dans une partie de carnaval.

ĕ ti tŏ (Saint-Michel).

ĕ trãskĕ. — Était menuisier. Ce sobriquet lui vient de ce qu'il avait continuellement son trãskĕ[2] passé dans le cordon de son tablier.

ĕ tyãl (Ramecourt). — Parce qu'un jour, lorsqu'il était mobile, ses camarades constatèrent qu'il avait tyĕ au lit.

ĕ tyŏ.

ĕllãsŏl[3].

ĕllãsŏl.

ĕnlbĕrt. — De Berthe, nom de famille. Ce sobriquet fut longtemps porté de père en fils. Dans les fêtes révolutionnaires, zãbĕt ĕnlbĕrt figura comme dĕĕs et trôna bien souvent sur la mŏtĕn[4].

ĕkãrdŏnĕt. — Amateur passionné d'ĕkãrdŏnĕt[5].

ĕm gãp (Herlin-le-Sec).

fãe (Bailleul-aux-Cornailles).

fãnãl.

fãzĕt (Gauchin-Verloing).

fĭ.

fãfã. — De père en fils depuis longtemps.

fĕrlĭkĕ (Bours).

fĭdĕl. — De père en fils depuis plus d'un siècle.

fĭfĭ (Saint-Michel). — Cabaretier de la Fontaine (source de la Ternoise). kãtrĭnĕt y a succédé à sa petite-fille.

fĭl-dĕ-fĕr. — L'homme le plus maigre de Saint-Pol. Surnommé, en 1870, le sergent Fil-de-fer.

'fĭl-dĕ-fĕr. — De ce qu'un soir, pour éviter d'être reconnue, elle s'enfuit précipitamment et s'ĕphã[6] dans une clôture en fil de fer, qu'elle ne soupçonnait pas, ce qui la fit reconnaître.

---

[1] ĕ fãrbŭ, le faubourg de Béthune. || [2] Outil servant à tracer la longueur des mortaises, l'épaisseur des tenons, etc. || [3] Ou dlãsŏl, selon le cas; de même pour ĕllãsŏll et ĕnlbĕrt. || [4] On désignait ainsi à cette époque l'emplacement de l'ancien château-fort des comtes de Saint-Pol, où l'on célébrait les fêtes de la Révolution. — dĕĕs, femme qui, à l'époque de ces fêtes, représentait la Raison. || [5] Chardonneret. || [6] S'embarrassa.

*flnô.

flrôte. — Sobriquet du siècle dernier.

*flyît (Pronay, commune de Ramecourt).

fô-kòl. — Voir kå d' pâtålô d pyêc.

frâp (Gauchin-Verloing).

frâs. — Ancien sobriquet. C'était le père de tîtîn frâs.

*frâswdt-d-tyê (Cantraine, commune de Saint-Pol). — sêsyèr[1] passionnée pour les bêtes; elle avait toujours avec elle une demi-douzaine de chiens. — Dite aussi frâswdt-d-glèn ou frâswdt-mê-glèn[2].

frèr. — De père en fils.

frèr-grêblîy. — Avait, pendant bien longtemps, manifesté l'intention d'être frère mariste. — Dit aussi ra-d'ablô et ràtêtê.

fîîc (Belval, commune de Troisvaux).

friskê. — Sobriquet porté par trois individus de petite taille. L'un d'eux, à mâlî àrs[3], se dit aussi la têrèr et e' râs. Voir la têrèr.

*friskèt. — Femme de l'un des trois friskê. Sobriquet peu connu.

*frîîîl.

*fâzîk. — Personne très active, vive comme la poudre, et marchant toujours comme une balle[4].

gâlâ. — A travaillé, dit-on, chez

Galand, armurier à Paris. Dit aussi l'arkèbât et l'arbalît.. — En 1705 : « Jean-François Corne, dit Galand, maître cordonnier à Saint-Pol. »

gâreô.

gâskô. — De père en fils depuis longtemps.

gâyar. — Sobriquet du siècle dernier.

gâzô. — Ancien garde de bois, ainsi surnommé, je crois, parce qu'il portait un gâzô[5].

*gâbô ou jâbô (Anvin). — De ce qu'elle a au visage un râpòr[6] affectant la forme d'un jambon.

gèrî-tâ (Nédonchel). — mêlsê dl pîzât[7] d'un certain renom.

*gîzô.

*gôdîs.

gôyô.

gâgôl. — De ce qu'il a les bâlâfs[8] proéminentes. — Un individu de Monts-en-Ternois porte le même sobriquet.

gâl-d-ertj (Herlin-le-Sec).

gâl-d-gôc. — A la bouche contournée à gauche. — Deux individus portent ce sobriquet, et pour le même motif.

gâl-d-rô.

gâl-dz-ô̂, — Gobeur d'œufs.

*gâl-d'dsyê. — De ce qu'elle a, dit-on, une fausse denture. — Dite aussi kâ d' fèr.

---

[1] Fermière. || [2] tyê, chien; — glèn, poule. || [3] Un peu bourru, brutal. || [4] fâzîk, fusil. || [5] Perruque. || [6] Tache ressemblant à un objet quelconque, que les enfants apportent sur eux en naissant. || [7] Guérisseur ou médecin à l'urine, ne prescrivant ses remèdes qu'après l'examen de l'urine des malades. || [8] Ensemble (ou tour) des lèvres.

gråmêr tôrtûs (Wavrans) — Est boiteuse. *c'è l' mêkèn èd môsyè l' kûrd*[1]. Voir *ma klôs*.

grût-sêd. — Petite vieille toute ratatinée, assise continuellement au coin de son feu, *sê pyê dè cé sêd*[2].

grûd-strydn.

gra-sôrd (Ramecourt). — Personne grande et *mêg kòm û sôrd*[3].

gri-gûzyô. — De ce qu'il avait le teint fort bis. Par l'habitude qu'il avait prise de se débrailler en travaillant, il avait le *gûzyô*[4] constamment à découvert.

grizêt.

grô-jû. — De père en fils.

grô-nê. — De père en fils depuis très longtemps.

grôs-têt. — A cause de sa tête énorme. — Dit aussi *kûrdbô* et *têtêr-kûrdbô*.

gugyar. — Sobriquet du siècle dernier.

jaksô.

jûnô.

jûbô — Voir *gûbô*.

jû-jûlt. — De père en fils depuis très longtemps. Le premier qui porta ce sobriquet se nommait *Jean*.

jêf-gûl. — *jêf*, Joseph.

jêjèn. — Porte le prénom d'Eugène.

jêgêê. — Corruption de *Joseph*.

jêsê.

jô-sûl. — Pour *ja-sûl*, Jean-Charles.

jôw. — Les *jôw* sont les membres de la famille la plus indigente de Saint-Pol, laquelle demeure dans une *bûyôt*[5] construite par la charité publique, sur un terrain communal, dans la *krôt* du vieux chemin de Pernes. On dit à Saint-Pol : *mizêrâp kòm cé jôw*[6].

jôkô.

jûrjô.

jòn ôm. — Frère de *pêya*.

kablyôn. — En 1709 : « Soyez, dit *Cabillione*. » Même famille que les *kablyôn* d'à présent.

kûfwû.

kûfwê.

kûkû lêg. — Etait un peu bègue. *Laigle*, nom de famille.

kûkwê.

kûlûmû. — Sobriquet existant depuis plus d'un siècle dans la même famille.

kûlfût (Epenchain, commune de Roëllecourt).

kûnûl. — Ex-cabaretière, veuve de *tôyôw*.

kûyôl. — Avait pour *ôm*[7] un ancien militaire, quelque peu buveur, les jours de fêtes particulièrement. Quand il était *gêy*[8], il avait l'habitude, après avoir *êmê sê kòlbûk*[9], de dire à sa femme : *dlô, kòlûstik, râs mwd l' pô d' nût*[10]. Cela signi-

---

[1] C'est la servante de M. le curé. || [2] Ses pieds dans ces (les) cendres. || [3] Maigre comme un hareng-saur. || [4] Gosier. || [5] Chaumière. || [6] Misérable comme ces (les) *jôw*. || [7] Mari. || [8] *ît gêy*, éprouver un commencement d'ivresse. || [9] Humé son grand verre (d'eau-de-vie). || [10] Allons, Scholastique, rince-moi le pot de nuit.

flait : Verse-moi un second verre d'eau-de-vie, ou, pour employer une phrase populaire bien connue : *ed vôlwĕ dĭr : dĭbĕl gầt[1].*

kầpầp. — Pour s'en moquer, les gamins lui crient : *kầpầp, abŏmĭnầp, bŏnĕ d'kŏtŏ, tầt ŏ rŏ[2]!*

kầplĭtĕn.

kầpŏrầl stzŏw. — Exerce la profession de tailleur et fut tambour-maître dans la garde nationale de Saint-Pol.

kầrầlŏ. — Voir *grŏs-tĕt.*

kầrầfŏ. — Ancien soldat trouvant toujours trop petite, dit-on, la capacité des *carafons* d'eau-de-vie qu'il se fait servir.

kầrĕm (Herlin-le-Sec).

kầrlŏ. — De père en fils depuis très longtemps.

[3] kầrầl mầsyầs. — Vieille fille un peu toquée, et toujours vêtue, ficelée *kŏm kầt sŭ[3]*. Elle était continuellement à la recherche de son *kầrĕ[4]*, que ses voisins *mĭlewĕt[5]* quand ils pouvaient le lui prendre, afin d'avoir le plaisir de la faire chercher. — *Massias*, nom de famille.

kầsầd[1]. — De père en fils.

[6] kầs-bĭt (Saint-Michel).

[6] kầskĕt. — Son père portait également ce sobriquet.

[6] kầtầrĕt. — Corruption de *Thérèse.*

kầtĭk. — De père en fils depuis très longtemps.

kầtlŏ.

kầtŏw. — Existait déjà en 1780 dans la même famille. Il y a une soixantaine d'années, les *kầtŏw* étaient aussi pauvres que les *jŏw*, et les habitants du faubourg d'Hesdin disaient, quand ils rencontraient un membre de cette famille :

prĭŏ dyŭ pầr ĕ pŏ́ĕ kầtŏw,
kĭ sŏ tŭ nŭ, d pyŏ́ĕ dĕkŏw[6]!

kầtrĭnĕt (Saint-Michel). — Cabaretier de *la Fontaine*, dans le bois de Saint-Michel, près de la source de la Ternoise. — Sa femme se nomme Catherine (familièrement *kầtrĭnĕt*). Il a succédé à la dernière des *fĭfĭ.* Voir ce mot

kầt-sŭ.

kầvĕnŭ.

kầvĕyak.

kabrŏn. — Sans doute à cause du mot de Cambronne, dont il était de taille à servir souvent. — Sobriquet transmis à son fils.

kầpyŏ (Monchy-Breton).

kĕkĕt ầmĕ. — Un *mầrĭ-jĕn*, un *nŭnŭ[7].* — Hamain, nom de famille.

kĕnŭt. — Sobriquet du siècle dernier.

---

[1] Cela voulait dire : double goutte. || [2] Capable, — abominable, — bonnet de coton, - tout au rond! || [3] Comme quatre sous, comparaison populaire dont j'ignore l'origine. — *kầrầl*, femme mal habillée, vêtue sans aucun goût. || [4] Espèce de chaufferette en terre ou en cuivre. || [5] Cachaient. || [6] Prions Dieu pour ces pauvres *kầtŏw*, — qui sont tout nus, à pieds déchaux! || [7] *mầrĭ-jĕn*, celui qui s'occupe des menus travaux du ménage, au lieu et place de sa femme; — *nŭnŭ*, individu minutieux à l'excès.

kẽ-pẽtl. — Était bègue et de petite taille. En parlant, il disait sans cesse : *kẽ, kẽ, kẽ, kẽ.*

kẽkẽ. — *mẽ kẽkẽ,*, terme d'amitié donné aux enfants.

kẽt-kẽt.

kẽt-pô. — De ce qu'il était, paraît-il, grand buveur de bière[1].

kilõmẽt. — Ancien huissier. Parlait continuellement du nombre de *kilomètres* qu'il avait parcourus.

'klẽrõt.

kẽw (Fillièvres).

kõkõ. — Surnom de plusieurs individus. Vient sans doute de ce que, dans leur enfance, leurs parents leur appliquaient fréquemment ce terme d'amitié : *mẽ kõkõ, mẽ ptĩ kõkõ.*

kõkõ lãlõ, ou simplement *lãlõ.* — Voir ce mot.

kõkõ mẽ nẽnẽ. — Fils de *mẽ nẽnẽ kãrẽt.*

kõlã mẽtrw. — Fils de *mẽtrw.* Fut *kãe-mãnèy*[2] dans sa jeunesse.

kõlẽt. — De père en fils depuis près d'un siècle. — Le premier *kõlẽt* fut ainsi surnommé à cause de l'habitude qu'il avait de boire tous les jours, dans la matinée, une quantité raisonnable de *kõlẽt ẽd brẽdrẽ*[3].

kõlõ. — Sobriquet du siècle dernier.

kõmãlãd' ou *mãlãd'* (Britel, commune de Bryas).

kõlẽ (Saint-Michel). — De père en fils.

krĩzõ.

'krõkẽt. — Petite vieille qui promenait des *croquettes* de pain d'épices. Elle les annonçait en criant d'une petite voix flûtée : *krõkẽt! krõkẽt!* — Dite aussi *pẽtt.*

kã brûlõ (Ramecourt). — Individu qui vivait de dénonciations. Un jour il entra dans un cabaret où se trouvaient des contrebandiers qu'il avait dénoncés quelque temps auparavant. Ceux-ci, lui donnant à peine le temps d'entrer, le saisirent et le jetèrent dans le feu, sans autre explication. Il en sortit le derrière brûlé, ou tout au moins *rzl*[4].

'kã d' fèr. — Dite aussi *gẽl d'dsyẽ.*

'kã d'õr.

kã d' pãtãlõ d pyẽe. — Dit aussi *e' mãrkĩ d' bwd-mõr, fõ-kõl* et *mãẽt.* Pâle de visage, faiseur d'embarras et sans fortune. Fut clerc d'avoué et a la prétention d'être un beau.

kã prẽsèy.

kãlãe (Diéval).

kãp-jãrẽ. — De ce qu'étant garde-champêtre, il fit un jour une expédition par monts et par vaux, à la poursuite d'un bœuf qui s'était échappé. Il criait partout qu'il allait, pour l'arrêter dans sa course, lui *couper le jarret* avec son briquet.

---

[1] *pô,* ancienne mesure de capacité, équivalant à deux litres. — Un *trãt-pô,* un *kẽt-pô,* un tonneau contenant trente pots, quinze pots. ‖ [2] Valet de meunier. ‖ [3] *kõlẽt,* ancienne mesure équivalant à la trente-deuxième partie d'un litre. — *brẽdrẽ,* eau-de-vie. ‖ [4] Roussi, légèrement brûlé.

Inutile d'ajouter qu'il revint bre-
douille.

kârkòl. — Dit aussi *kàp-jdrê.*

kàzè.

kàzè kârdiò. — Est chauve.

kàzè tropèt.

làbàf ou *prâvè-làbàf* (Blangy-sur-
Ternoise). — Individu d'un appétit
formidable, mangeant continuellement, un vrai *làbàf*[1]. — *Prévost,*
nom de famille.

*[*] *là Làrdàl.* — Parle en *bâr-
dàya*[2].

l'Àbàtwàr. — Était propriétaire-
gérant du cabaret de *l'Abattoir,* au
faubourg de Béthune, lequel a encore ces mots pour enseigne : *Où
allons-nous? A l'Abattoir.* Au point
de vue réaliste, *l'Abattoir* avait
alors pas mal de points de res-
semblance avec *l'Assommoir* de
Zola.

*[*] *là bèl bràc.* — Par antiphrase :
elle est difforme et bossue. Dite
aussi *lò-dò.*

*[*] *là bèl fàm.* — Très belle personne, fille de *rèjé.*

*[*] *là bèl jàlly.*

*[*] *là bèl òzyèr.* — Fillè d'un man-
nelier[3].

làbéò. — Beaucoup de personnes
prononcent *làbéyò.*

*[*] *là bìt.*

*[*] *là bìt bàyò.* — Vivait vers 1780.
— *Bailleul,* nom de famille.

là bìstròt. — Frère de *màl ànt.*

Etant gamin, ses camarades lui
criaient pour l'agacer :

là bìstròtè, là gàyòl,
là troyèrè dè sè-pòl!

là bétín (Epenchain, commune de
Roëllecourt).

là brètèt. — Garçon boulanger
ainsi surnommé parce qu'il était
chargé d'amener les fagots, de la
grange à la boulangerie, au moyen
d'une *brouette.*

*[*] *là cinwàt.*

*[*] *là délijàs.* — De ce qu'elle avait
l'habitude de mendier à l'arrivée
des anciennes diligences. — C'est la
mère de *bârbà.* Voir *mè tyàtyà.*

*[*] *là dràgòn.* — Mère d'*ès dràgò.*
La sœur de celui-ci porte le même
sobriquet.

*[*] *là dòsèr.* — De la *douceur* de
sa voix. Personne d'une extrême
bonté.

*[*] *là fàm a sòbla.*

làfàyèt. — Dans son enfance, il
avait les cheveux très-blonds, presque blancs; et, comme à cette époque (vers 1830), on chantait : *Lafayette en cheveux blancs,* quelqu'un
a dit de lui : *c'èt à Lafayette.* D'où
ce sobriquet.

*[*] *là fidélitèy.* — Par antiphrase.

làflèr.

l'àfrìk.

là frìt (Grossart, commune de
Bryas). — Célèbre *pòsdèò*[4]. Sobriquet transmis de père en fils, et

---

[1] Goinfre; — *bòf* ou *bàfrèy,* grande quantité d'aliments prise en un
seul repas. || [2] Bredouillant. || [3] *òzyèr,* osier. || [4] Rebouteur.

passé aujourd'hui au gendre du dernier *lâ frît*, lequel est également appelé : *de pédèw*.

'lâ gâlôe. — Son père était *galôeyé* (fabricant de bois de *galoches*).

lâ gârd'.

lâ gâyôl. — Dit aussi *tî pyèr*.

'lâ gâyâs.

lâ gâzèt. — De ce qu'il était excessivement avide de connaître et de colporter les nouvelles politiques, surtout celles du parti royaliste : une véritable *gazette*. — Dit aussi *tî pè frâzé*.

'lâ grâd'.

'lâ grît.

l'âgâl (Gouy-en-Ternois). — Un individu de Saint-Pol, qui vivait il y a quarante ans, portait le même sobriquet.

lâ jâp. — De ce qu'il avait une *jambe* de bois. — Sobriquet transmis à son fils.

lâ jâp a l'èr. — Est boiteux. N'habite plus Saint-Pol.

lâ kâlôt. — De ce qu'il porte continuellement une *calotte*.

lâkôs ou *lâkôst*.

lâ kêêt. — Voir *lâ pîît kèw*.

lâ lîbèrtêu. — Sobriquet du siècle dernier.

lâlô ou *lâlô gôdâr*. — Dit aussi *kôkô lâlô*.

l'âlêmèt.

lâ lûn. — De *Lune*, nom de famille.

lâ mânôt. — De ce qu'il ne pouvait se servir de l'une de ses mains[1], à cause d'une blessure qu'il y avait reçue pendant les guerres du premier Empire. — Sobriquet transmis à son fils.

lâmdyô.

l'âmî dlôl. — Etait l'ami de tout le monde, particulièrement des buveurs. *Delehelle*, nom de famille.

lâ mît. — Existait déjà en 1780 dans la même famille.

l'âmâr. — Par abréviation du nom de *Lamourette*. — Les gamins lui criaient pour s'en moquer : *lâmâr, lâmârèt! sè kâ kî pèt!*

lâ mrâr. — De père en fils depuis très longtemps.

lâ pârûk. — Exerce la profession de *perruquier*.

lâ pôlkâ.

'lâ pîît fârı (Saint-Michel). — Petite fermière chez qui les Saint-Polois d'il y a soixante ans allaient boire du lait et manger des *krâklô*[2]. Ce lait leur était apporté dans la *pâtûr*[3], sur le bord de la Ternoise, et ils le puisaient à même des *tèl*[4].

lâ pîît jâkèt. — Ivrogne incorrigible, que les *gâspyô* poursuivaient sans cesse de leurs quolibets. Ils lui disaient, par exemple :

fraswâ lâ pîît jâkèt,
k'il â mèjé s' brôkèt
sâ pwâv è sâ vînèg[5]!

ou bien encore :

[1] *mânôt* ou *mênôt*, petite main. || [2] Echaudés. || [3] Prairie. || [4] Terrine à écrémer. || [5] François la petite jaquette, — Qu'il a mangé sa *broquette*, — Sans poivre et sans vinaigre !

SOBRIQUETS — 2

fraswâ lä p'tt jàktt!
d l' mèjrŏ sâ vtnèy! !

lä p'tt jàp. — Avait une *jambe*
beaucoup plus *courte* que l'autre, et
se servait d'une béquille pour marcher.

lä p'tt kèŭ. — De ce qu'il portait encore une queue, laquelle,
l'âge aidant, finit toutefois par dis-
paraître, faute *ěd kdvèŭ*. On l'appelait aussi *lä kèět*.

lä phs. — De ce qu'il est d'une
très petite taille. Dit aussi *mistïkri.*

làpyà. — De ce qu'il parlait en
bredouillant.

'lä rědrly. — Personne toute
petite, mais bien constituée, et surtout bien proportionnée, une véritable *rědrly*.

'lä rèn (Saint-Michel).

'lä rts. — Femme d'*ěe rte.* Voir
ce mot.

l'drk-â-sytl. — De ce qu'il voulut
un jour expliquer comment se forme
l'arc-en-ciel, ce que, naturellement,
il fit à sa manière.

l'drkěbhě. — Voir *gdlâ.*

lä ròs.

'lä ràs. — Voir *ěěl dt ràs.*

lä sět-fàmll (Le Petit-Saint-Michel, commune de Saint-Michel). —
Par antiphrase. Sobriquet par lequel
est désignée une famille qui habitait
la maison située en face du lieu dit :
La Sainte-Famille.

lä stlrèl. — De ce qu'il avait fait
un congé dans les dragons. — Allusion à la coiffure de ces militaires.

lä tàl. — Sobriquet du siècle dernier.

lä tèrèr ou *e' ràs.* — Individu
d'un abord rude, rébarbatif, à la parole brusque, au geste brutal et sac-
cadé : un ours mal léché. Dit aussi
frtské. Voir ce mot.

'lä tèyàs. — Dérivé de *tèyě* (Thel-
lier), nom de famille. — Se prononce d'une manière dédaigneuse.

'lä tròyèr.

lä tàrnàr.

'lä ɥsèt. — Vieille femme toujours sale et noire comme une *ɥsèt*
dont on vient de se servir. On dit
dans le faubourg de Béthune, où
elle demeure : *nwdr kòm lä ɥsèt.*

lä vŏlŏtèy. — Sobriquet du siècle
dernier.

'lä vyèrj.

lä vyŏlět. — Sobriquet du siècle
dernier.

l'ădàl. — Existait déjà en 1780
dans la même famille.

l'ăprèr. — De ce que dans son
enfance, dit-on, on lui fit si souvent
crier : *Vive l'empereur!* qu'il répé-
tait ces mots continuellement.

lě lä blèŭ.

l'ěkěmět.

lě mě blě. — Est cordonnier; a
la prétention de ne jamais avoir les

---

¹ François la petite jaquette! — Nous la mangerons sans vinaigre! ‖ ² De
cheveux. ‖ ³ Petite queue; — le derrière de la tête.! ‖ ⁴ Voir *lldrŏyà*, note.
‖ ⁵ Objet de curiosité, de collection. ‖ ⁶ Plumeau, petit balai, etc., tout ce
qui peut servir à housser.

mains poisseuses, comme le commun de ses confrères.

l'êrmtt. — D'une enseigne de cabaret : *A l'Ermitage.*

l'ëspërâs. — Sobriquet du siècle dernier.

l'êvêyê. — Existait déjà dans la même famille au commencement de ce siècle.

l'êkāp. — De la nature et de la couleur de ses cheveux.

l'ëbâlô. — De père en fils depuis près d'un siècle. — Sont tous faiseurs d'*embarras.*

lëlô.

* *l'êpërâtrts*. — Marche majestueusement et a des manières ën *ītı̄ fdê*[1] prétentieuses.

lïdrôyâ. — De ce qu'il prononçait mal la plus grande partie des mots[2]. — Frère de *mëtı̄ mëth*. Voir *mëth.*

lïkêt. — De père en fils depuis très longtemps.

lïlёr. — D'*Hilaire*, par corruption.

lïmôn.

lïlô. — De père en fils depuis très longtemps.

* *lïzd-â-tyô*. — De ce qu'elle fut longtemps servante *dmô*[3] *fraswdt-â-tyô*. Voir ce mot.

lôlôm êlvrёy. — *Levray*, nom de famille.

lêlê.

* *lō-dô*. Voir *lâ bёl brdё.*

* *lôj-dlёn*. — Personne excessivement nonchalante.

lôj-pâı. — A cause d'une hernie très volumineuse dont il était affecté.

* *lёnât*.

lôk-ёlôk-brё. — De ce qu'on lui disait, par moquerie :

bô jûr, lôk.

â pёr ı̄ vё-t-ı̄ kôr dû êhk?

nâ, il d kûjё d' sёtmô :

ı̄ vō dû brё[4] !

Son père portait le prénom de *Luc.*

lôk-â-pô. — De père en fils.

lâvyô. — De père en fils.

lâıf-dij-ûit. — Était le *dix-huitième* enfant d'une famille, et se nommait *Louis.*

mâdâm.

mâdёdёt. — De père en fils.

* *mâdlёn-brёyâ*[5].

* *mâ fïl*. — De ce qu'elle disait continuellement : *ma fille*, aux personnes (femmes ou filles) à qui elle parlait.

* *mâgёt*. — Avait la langue trop bien pendue[6].

* *mâgrt-brёyâ*.

* *mâ grôs* — A cause de sa corpulence.

mâjïstёr. — Sobriquet du siècle dernier.

mâjôr. — De père en fils.

* *mâkûnâl*.

---

[1] Un tantinet. || [2] Un *lïdrôyâ*, un *lïmбyâ*, un *lïpôyâ* ou un *lôpyô*, un individu qui parle difficilement, qui prononce mal certaines consonnes, qui bredouille. || [3] Chez, à la maison de. || [4] Bonjour, Luc. — Ton père il vend-il encore du sucre? — Non, il a changé d'odeur : Il vend du *bren!* || [5] *brёyâ*, au fém. *brёyâs*, pleurnicheur, grognon. || [6] *mâgёt*, chèvre; au fig. femme bavarde.

' må kåpòt (Saint-Martin-Glise, commune d'Hernicourt. — Était couturière.

måk fòr. — Grand mangeur[1].

' må klòe. — Sobriquet sous lequel gråmèr Brtås est connue à Saint-Pol.

måkrò. — De père en fils depuis plus d'un siècle.

måkål, dit aussi parfois måkålyèt.

mål eflèy. — De ce qu'il n'était pas tout-à-fait sur le chemin de la fortune, malgré tous les métiers qu'il faisait.

mål ånf. — De ce qu'il a le visage pîkè d' vdråèl[2]. — Frère de lå bîstròt.

måmåp de fråzås (Herlin-le-Sec). — De la nature de ses cheveux.

målåd'. — Voir kåmålåd'.

' måň lå vyèrf (Nuncq).

mårlò.

' må rås.

' må îls sèr. — Sœur de mèlf mètå. — De la manière dont cette dernière prononçait ces mots : ma petite sœur.

' mååzèn. — Est-ce un dérivé de måås[3]?

måyå.

masèt. — Voir kå d' pådlò à pyèe.

mådlèt (Saint-Martin-Glise, commune d'Hernicourt). — Un individu

de Saint-Pol, vivant en 1667, portait aussi ce sobriquet.

' måfå.

mèdår.

måkîyò. — Sobriquet du siècle dernier.

mèo lå klå (Herlin-le-Sec). — mèo, Siméon.

mè jòw. — Était quêteur de chaises à l'église. — Petit homme à figure béate. Avait l'habitude de faire d'énormes signes de croix, et comme la surface de sa poitrine n'était pas assez étendue pour en contenir l'amplitude, ils la dépassaient largement, surtout par le bas. Aussi tous les gamins lui criaient-ils, lorsqu'ils le rencontraient :

èy! mè jòw!

kî fé : ð nõ då pèr, d'åsk'å sn åjòw[4]!

mè klåbå. — Sobriquet du siècle dernier.

mè kå.

mè nènå e' måeo. — Exerçait la profession de maçon.

' mè nènå kårèt. — Mère de kåkå mè nènå. Carelle, nom de famille.

mèn ðm (Saint-Michel).

' mètå ou mèlf mètå. — Sœur de lîdrõyå et de må îls sèr. Dite aussi mèlf lîdrõyå; comme son frère, elle parlait avec quelque difficulté. Voir lîdrõyå.

mètåë (Rosemont, commune de Saint-Pol). — De père en fils.

---

[1] måkå, manger. || [2] Marqué de la petite vérole. || [3] Truie; terme injurieux adressé parfois aux femmes. || [4] Eh! mè jòw! — Qui fait : au nom du père, jusqu'à son åjòw. — åjòw, terme libre, membre viril (au propre : oiseau).

' me tyÁtyÁ ou néprÁtyÁ. — De ce qu'elle parlait en bredouillant et quelque peu gÁgÁ[1]. Dite aussi la délÁjÁs. Voir ce mot.

mÁsÁ̂t. — De Michelle, nom de sa mère. Dit aussi blnÁt.

mÁlÁ (Calinont, commune de Saint-Pol). — D'une enseigne de cabaret : A l'entrée des Français à Milan. Ce cabaret fut bâti en 1859, au moment de la guerre d'Italie.

mÁlÁlÁr (Œuf-en-Ternois).

mÁ̂mÁl (Frévin-Capelle).

mÁnÁt. — Sobriquet de la fin du siècle dernier.

mÁrÁbÁ̂. — Sobriquet porté par l'un des plus fameux sans-culottes saint-polois, lequel avait la prétention d'être un orateur.

mÁsÁ̂krÁl. — Individu de petite taille, maigre et fluet. Dit aussi la pÁs.

mÁzÁ̂r. — De ce que dans son enfance il n'était qu'un tout petit mÁzÁr[2].

mÁ̂lÁnÁ̂.

mÁ̂r-nÁ̂y.

mÁ̂yÁ̂ẁ.

mÁ sÁ̂tÁ̂ẁ. — Voir yÁyÁ̂.

mÁ sÁr. — De ce que, dans le cours de ses conversations, il appelait continuellement son interlocuteur : Mon cher.

mÁ gÁ. — De ce que, dans son enfance, un de ses voisins, tÁmÁjÁ̂[3]

de son état et d'origine normande, l'appelait toujours : mÁ gÁ[4].

mÁn Ámi. — De ce que sa femme, en lui adressant la parole, l'appelle toujours : Alexis mon ami.

mÁn Á̂J. — Porte le prénom d'Ange.

mÁ blÁgÁ̂. — Etait un blagueur de première force.

mÁ blÁ (Bailleul-aux-Cornailles). — Se nomme Blondel.

mÁ nÁ̂. — Existait déjà en 1780 dans la même famille, dont la plupart des membres sont gratifiés d'un nez énorme.

mÁn ÁmÁ̂p. — Aimable, prénom.

mÁn Á̂k. — Un bonasse, que tout le monde appelait : mon oncle.

mÁn Á̂k dÁdÁ.

mÁyÁ̂. — De ce qu'il exerçait la profession de tÁ̂Á̂ d' mÁyÁ̂[5].

mÁ pÁlt.

mÁ sÁ̂r. — Est un peu sourd.

mÁt Á crÁf (Herlin-le-Sec).

mÁt Á kÁr.

mÁt Á prÁn.

mÁt Á tyÁ (Herlin-le-Sec). — De ce qu'étant tout jeune, il disait souvent, dans son langage enfantin : mÁ, rÁ̂ mÁtÁ̂ Á tyÁ[6].

mÁtÁ̂r. — Sobriquet du siècle dernier.

' mÁlÁ̂.

mÁ̂s.

mÁlÁt.

---

[1] Parler gÁgÁ, parler à la manière des enfants, en prononçant mal certaines consonnes, etc. || [2] Enfant tout petit, malingre et chétif. Se dit aussi des animaux et des choses inanimées. || [3] Fabricant de tamis. || [4] Mon gars. || [5] Tueur de brebis vieilles et maigres (métier disparu). || [6] Moi, je veux monter à char (tyÁ pour kÁr).

mḗstāfā.

mḗstãe. — Par corruption de son prénom d'*Eustache.*

mḗswãl[1] (Ramecourt).

mḗtõ. — A cause de l'épaisse toison qui lui tient lieu de chevelure.

mḗtzẽ.

n̥tõt.

ndryã. — De l'habitude qu'il avait de répondre : *n'ã ryã*[2], à n'importe quelle observation qu'on pouvait lui faire.

ndvyõw. — De ce que, dans sa jeunesse, ses parents l'envoyaient vendre des *navets,* qu'il offrait de maison en maison, en demandant s'il fallait des *ndvyõw*[3]. Il disait *nã-võw* quand il avait l'intention de mieux parler.

ndzĩl. — De ce que, dans son enfance, il avait continuellement *dḯl ndzĩl*[4], autrement dit des *kãdlyõt ã sõ nõ*[5].

nẽnõ. — Vient sans doute de *nẽnõ,* terme d'amitié donné aux enfants.

`nẽnõ bõdẽ. — Fille de *bõdẽ.* Voir ce mot.

`nẽpãtyã. — Voir *mõ tyãtyã.*

nõl.

nḯkõ.

nõw. — De père en fils depuis longtemps.

nõnõ.

nõtẽr. — Sobriquet de la fin du siècle dernier.

nḗfwẽ. — De ce qu'ayant été élevé à la campagne, il se servait fréquemment de la négation *nã fwẽ,* qui n'est pas usitée à Saint-Pol.

nãlẽ (Ramecourt). — Jehan Du-haultoy, dit *Nouillet.* » (1585).

`nwãlõt (Moncheaux).

`nwãr-pãkẽt (Ramecourt). — *ẽ nwãr-pãkẽt* avaient la réputation d'être *sõrsẽl*[6].

yõyõw. — Voir *tẽt ẽd mõyõw.*

`yõyõl.

yõyõ. — Dit aussi *mõ sãtõw.* Lorsqu'il était gamin, ses camarades lui disaient, pour l'agacer : *yõyõ pãri, k'ĩl ã vãdã sõ kãtyõ pãr õn plãt d'õyõ*[7] !

pãkõlẽ.

pãpã-bẽlõ.

pãpã-bãbã. — Se nommait *Bouchez.*

pãpãr (Ramecourt). — De père en fils.

`pãplyõt.

pãrã. — Père de *pãkõlẽ.*

pãrĩs (Saint-Michel).

pãrõ.

pãtãkõ. — Par corruption de *Bacot,* nom de famille.

pãtãlõ.

pãt-d'ãnẽt. — Par suite d'un défaut du bras ou du poignet, il a toujours les doigts de la main droite à demi fermés, ce qui le force à tenir cette main d'une manière rappelant vaguement l'attitude que prend la

---

[1] *mḗswãl,* belette. ‖ [2] Il n'y a rien, ce n'est rien. ‖ [3] Navets. ‖ [4] *ndzĩl,* morve. ‖ [5] Des *chandelettes* à son nez (avait le nez morveux). ‖ [6] Sorcières. ‖ [7] *yõyõ* pourri, qu'il a vendu son château pour une pelure d'oignon !

patte d'un oiseau, — *dnèt*[1] ou autre, — quand cet oiseau la tient levée. — Porte aussi le surnom d'*ée bèrdö*, dont il est le fils.

pàtòw.

pàtyâr. — Existait déjà en 1780 dans la même famille.

pàydsö. — Fut fabricant et marchand de *paillassons*.

pàyèl. — Voir *bìnòt*.

'*pàe èd tèrdö.* — De ce qu'elle avait simulé une grossesse au moyen d'une sorte de sac rempli de *tèrdö*[2], afin de forcer un jeune homme à l'épouser.

pàelô. — De ce qu'il avait une grosse *pàe*[3].

pàpàe. — Petit homme ventripotent.

pèkàtà.

pèkòw.

pèrlâk (Bours). — Est *rèpísyè*[4].

pèrðn.

pèràs. — Un individu d'une autre famille portait le même surnom en 1780.

pètl. — Sobriquet de la fin du siècle dernier.

pètl kàrðy.

'*pètt.* — A cause de sa petite taille. Dite aussi *krôkèt*. Voir ce mot. — Pour la faire pester, les gamins lui criaient, en imitant sa manière de parler : *pètt! krôkèt! krôkèt! pètt!*

pèt-vòlàr. — Célèbre filou vivant à l'époque de la Restauration. En s'évadant un jour de la vieille prison de Saint-Pol, il écrivit ces mots sur la porte : Chambre à louer ou à brûler. Plus tard, il rédigea une relation de ses aventures, qu'il colporta lui-même, dit-on, de marché en marché.

pètyð.

pèyð. — Frère ðe *jòn ðm*.

pèeðrèl. — De père en fils depuis peut-être un siècle[5]. — On voyait, tous les matins, le grand-père du *pèeðrèl* actuellement vivant promener des pommes cuites. Il fut aussi marchand de fromages *màrôl*[6], et les annonçait en criant dans la rue : *dà frômàj pìkà! kà, kà, kà, kà, kà, kà!* — Ce *pèeðrèl* portait aussi le surnom de *pèeð*.

pèeð. — Voir *pèeðrèl*.

pìe-kàt-gàt. — On lui disait, pour s'en moquer :

pìe truè gàt,
èt kàtrìèm èt à rôt[7]*!*

pìeð-bèrkð. — Etait adroit et ingénieux. On dit, dans les faubourgs, d'un homme adroit : *c'èt ò vrè pìeð, i sèruè s' débàt dò l'yòw*[8]. — Berquin, nom de famille.

pìð. — De père en fils.

pìgð.

pìkàr. — De père en fils. Existait

---

[1] Cane. || [2] Son. || [3] Panse, ventre. || [4] *rèpísyè*, celui qui a le pouvoir de donner le *rèpit*, dans les cas de rage. || [5] *pèeðrèl*, pince-oreille. || [6] De Maroilles. || [7] Pisse trois gouttes, — la quatrième est en route. || [8] C'est un vrai poisson, il saurait se débattre dans l'eau.

déjà dans la même famille à la fin du siècle dernier.

pĭkàrd'. — « Jacqueline Parment, dite *Picarde* » (1675).

pĭkĕ ou *dĭĕkĭ pĭkĕ.* — Etait fort *pĭkĕ d' vĕrŏl'.* Ce sobriquet est passé à ses descendants.

pĭkĕ dĕ pŭs. — De ce qu'étant jeune elle avait une quantité incroyable de *pŭs*[2]. — Dite aussi *sŭ̆ys.*

pĭkŏtas (La Thieuloye).

pĭnĕt.

pĭt.

pĭtŭ̆îŭ (Le Petit-Gauchin, commune de Gauchin-Verloing).

plăgĕt.

plŏ-d' bŏ. — De ce qu'il marchait tout *plŏplŏ*[3]. — Son fils porte également ce sobriquet. Voir *ĕs rŭĕ d' mărŏk.*

plŭn (Diéval).

pŏĕĕ.

pŏl krŏt.

pŏl-pătyŏ. — Sobriquet du siècle dernier. Les *găspyŏ*[4] des faubourgs, pour agacer les individus qui portent le prénom de Paul, leur crient :

> *pŏl pătyŏ,*
> *tălìàr à sŏ dŏ,*
> *trŏpĕt à sŏ kŭ,*
> *thrltŭtŭtă*[5]*!*

pŏyŏ.

pŏyŏ.

pŏyŏt-brăkăr. — *Branquart*, nom de famille.

pŏpŏ.

pŏt.

prĕt-à-kĕr. — De ce qu'il marchait courbé, en portant les bras un peu en avant. Il avait l'air de chercher à se retenir, comme s'il était sur le point de *kĕr*[6].

prĭzŭr.

pŭt-fŭ (Monchy-Breton).

pŭt-jĕzŭ.

pŭĕĕt.

pŭlŏ. — Trois individus de Saint-Pol portaient ce sobriquet. Il leur venait de ce que, dans leur enfance, leurs parents les appelaient : *mĕ pĭt pŭlŏ*[7].

pŭetrŏu.

pyĕlŏ (Gauchin-Verloing).

pyĕr-d-làr.

pyĕrŏ-lă vyĕrj.

pyĕrŏtĕ. — Sobriquet transmis à ses deux fils, dont l'un, *pŏtĭt pyĕrŏtĕ*, était un amateur outré de farces carnavalesques, affectionnant surtout les rôles à *ĕktĕhr*[8]. C'est lui qui, un jour de mardi-gras, dans une scène bien connue de tout Saint-Pol, *ĕkătĕtă*[9] Charles Major *dĕŏk ŏ kărtŏ dl zyĕp à mĕtă plŏ d' brŏ*[10].

rŏ-blŏ.

răbŭlĕ (Ramecourt). — Sobriquet que portait un habitant de ce village en 1685, et qui a dû être porté

---

[1] Marqué de la petite vérole. || [2] Puces. || [3] Lentement et pesamment. || [4] Gamin, gavroche. || [5] Paul *Patio*, — Tambour à son dos, — Trompette à son cul, — *Turlututu!* || [6] Tomber. || [7] *pŭlŏ*, terme d'amitié. || [8] Eclaboussures. || [9] Coiffa, couvrit complètement. || [10] Avec un *quartaut* au savon (mou) à moitié plein de *bren*.

par la plupart de ses descendants, car quelques vieillards croient se rappeler avoir entendu parler de ce surnom dans leur jeunesse.

rằkằkằ (Hautecôte?). — Mendiant simple d'esprit, presque idiot. Il chante messe et vêpres à sa manière devant les personnes qui lui donnent un sou, et leur débite par dessus le marché un petit sermon sans queue ni tête, qu'il termine en criant d'une voix de tonnerre : *hằ! :: ěfằ, ě'bŏ dyằ d' sè-pŏ, ě ě'bŏ dyu d' nằ vìlằj, ě'ě l' mèm bŏ dyằ! vênt k.!ěằtŏ̀ lŏằằmằs*[1]!

rằmŏtằẅ. — Existait déjà en 1780 dans la même famille.

rằmyě. — De ce qu'il est né dans la forêt de Saint-Pol, sur un *rằmyě*[2]. Sa mère, pauvre femme qui chaque jour allait y ramasser du bois mort, le mit au monde en allant faire une bourrée de *brằằfyèằ*[3], et le rapporta chez elle immédiatement après son accouchement.

rằspằl. — Sans doute à cause de ses opinions politiques.

rằpŏnằẅ. — Ancien garçon brasseur. A une bonne grosse figure réjouie, comme celle que l'on prête au célèbre *Ramponneau*.

rền-rŏ̌zẻt ou rŏzẻt. — Ivrognesse incorrigible qui tomba à l'eau en allant un jour nettoyer du poisson au bord de la rivière. On lui chanta, après ce bain forcé :

rền-rŏ̌zẻt, ŏ lằvằ sẽ pĩsŏ,
rền-rŏ̌zẻt, ằl ằ kằlằ ŏ fŏ[4]!

rẻgŏrằs ou rẻgŏrằs.

rềvﬁyŏ. — « Antoine Hello, dit *Renvillon*, concierge et sergeant d'arrest de ceste ville » (1690). Une famille de ce nom existe à Roëllecourt.

rằ-ằ-pằrŏl. — Est vantard et faiseur d'embarras. A l'entendre, il a pouvoir sans bornes et de l'*ằkằ*[5] partout.

rŏbﬁy.

rŏbằsŏ.

rŏẻẻt. — Est petit de taille : une vraie *rŏằ*[6], une petite *rŏẻẻt*[7]. — Son père n'était pas plus grand que lui, et portait le même sobriquet.

rŏẻjŏr. — A cause de ses opinions politiques.

rẻgằ (Roëllecourt).

rŏkằ.

rŏkằ. — Parce qu'il fut *rŏkằ*[8].

rŏmằrằ. — De père en fils depuis très longtemps.

rŏpﬁyằpﬁyŏ.

---

[1] Ah! ces (les) enfants, ce (le) bon Dieu de Saint-Pol, et ce (le) bon Dieu de notre village, c'est le même bon Dieu! Veni creator laudamus! || [2] Tas de taillis coupé. || [3] Menu bois, brindilles ramassées un peu partout. || [4] Reine Rosette, en lavant son poisson. — Reine Rosette, elle a coulé au fond. || [5] Avoir de l'*ằkằ* chez une personne, s'y faire écouter, être familier avec elle, s'imposer même au point de gêner. || [6] Une *rŏằ*, se dit d'un enfant petit, faible, chétif. || [7] *rŏẻẻt*, petite *rŏằ*. || [8] Bedeau de la confrérie de Saint-Roch.

rǒzĕt. — Voir *rĕn-rǒzĕt*.

rǒz gǎrǒ. — Sobriquet du siècle dernier.

rǒzyǒw. — A cause de l'idée qu'il avait eue, en apprenant à nager, de s'attacher autour du corps un paquet de *rǒzyǒw*[1] pour mieux se soutenir sur l'eau.

rĕtĕtĕ. — De sa manière de parler. Lorsqu'il était tout jeune, ses camarades, pour l'agacer, lui répétaient ces mots : *rĕtĕtĕ! kǎt sǎ: ĕ!*

rǎjĕ. — Parce qu'il était très rouge de figure. Ses descendants conservent ce sobriquet.

rǎj-ĕ mǎrǒn (Bailleul-aux-Cornailles). — Appelé parfois *pǎtǎlǒ rǎjĕ*[2].

rǎj-nĕ. — Sobriquet de 1697.

rĕpyǎ.

sǎbĭn. — Du prénom de sa mère. Il passait pour avoir vendu son âme au diable. Par un beau jour, il tenta de se suicider en se coupant la gorge avec un rasoir, mais il ne se fit qu'une entaille peu profonde; il arrêta quand il se sentit piqué : *sǎ fĕjwĕ trǒ d' mǒ*[3], disait-il.

sǎkĕ. — De ce qu'étant tout jeune, il était toujours si mal *ǎrĭstǒlĕy*[4], que ses camarades l'appelèrent *grǒ sǎk* (gros sac), d'où *sǎkĕ*. — Sobriquet transmis à ses enfants.

sǎmyǎ ǎbǎrk. — Avait longtemps servi dans la marine, vers le commencement de ce siècle. Lorsqu'il tenait une conversation avec n'importe qui, il disait sans cesse : *Du temps de mon embarquement...* Et cela arrivait surtout lorsqu'il avait bu quelque peu. -- *Samier*, nom de famille.

sǎ-dĭs. — De ce qu'il prit le numéro 110 au tirage au sort.

sǎ-dǒrmĭr. — De la réputation qu'il avait de passer la plupart de ses nuits à marauder.

sǎglĭĕ. — De ce qu'il était fort grossier et avait l'habitude de traiter de *sanglier* tous ceux qu'il rencontrait ou dont il parlait.

sǎ-kǎt. — De ce qu'il prit le numéro 104 au tirage au sort.

sǎ-pǎrĭl.

sǎ-lǎwi. — Sobriquet du siècle dernier.

sĕlǎ.

sĕt-ǎbĕr.

sĭyĭ. — De père en fils depuis plus d'un siècle. Les *sĭyĭ* furent très longtemps bouchers; peut-être leur sobriquet vient-il de la *ɟsĭyĕ*, saigner).

sĭyǎs. — Fille du dernier *sĭyĭ*; dite aussi *pĭkĕ dĕ phe*.

sĭz-ǒrtǒw. — De ce qu'il a six doigts à chaque pied[5]. — Dit aussi *brǎv ǒm*.

sǎbsǎr[6].

slĕ dǎs. — Dit aussi *e' dǎs*.

sǎ d' kǒw. — Parce qu'il suait con-

---

[1] Roseaux. ‖ [2] Pantalon rouge; — *rǎj-ĕ mǎrǒn*, rouges culottes. ‖ [3] Cela faisait trop de mal. ‖ [4] Arrangé, ajusté. ‖ [5] *ǒrtǒw*, doigt du pied. ‖ [6] *sǎbsǎr*, sœur, terme enfantin.

tinuellement, même sous le plus petit effort.

' *säzŏ*.

sĕpŏ.

särt.

tăbă-lăkŏş.

' *tămáyŏ*. — Un *tămáyŏ*[1], ou plus énergiquement : *ŭ grŏ mŏ d' brĕ*[2].

tăp-à-l'ĕt. — Dit aussi *tăp-ŏ-kŭ*. Etait borgne et courait les *pĕs-kŭ*[3].

tăbür.

' *tĕ dĕŏm*. — Sobriquet du siècle dernier.

tĕt ĕd măyŏw. — De ce qu'il avait la tête très petite. Dit aussi *yŏyŏw*.

tĕp-à-jăk. — Cabaretier qui avait l'habitude de *s' mĕt ă jăk tĕp*[4]. Ses habitués le faisaient bien souvent lever avant l'heure de la retraite.

tŏtŏ. — Cabaretier à l'enseigne du *Sauvage;* il se nommait *Augustin*. Après sa mort, l'estaminet fut géré par son fils, que l'on continua d'appeler *tŏtŏ*.

tĕ bĭt ou *e'bĭt* (Beaufort). — Individu *à mŏtĕ sŏsŏ*[5], prenant trop au sérieux les plaisanteries dont il est l'objet. Ainsi, par exemple, lui crie-t-on : *t-ŏ n'ŏ pwŏs*[6]*!* (allusion à son surnom) voilà *tĕ bĭt* on ne peut plus désolé et sur le point de croire comme à l'Evangile à ce qu'on vient de lui dire.

tĕ flŭ. — De père en fils depuis près d'un siècle. Dit aussi *tĕ kŏlŭ*.

' *tĕ grĭ*.

tĕ jăk. — Est petit et porte le prénom de *Jacques*.

tĕ kŏ.

tĕ kŏlŭ. — Etait *petit* et se nommait *Nicolas*. Sobriquet transmis à ses descendants. Voir *tĕ flŭ*.

' *tĕ lŭŭ*. — Femme méchante et acariâtre.

tĕ păpŭ.

tĕ pŏ frŏsĕ. — Etait boulanger. Voir *lŭ gărĕt*.

tĕ pŏt.

tĕ prŏt. — Par corruption du nom de *Joëts*, qui se prononce *jŏt*. — *tĕ prŏt* = petit Joëts.

tĕ pyĕr. — Dit aussi *lŭ găyŏt*.

tĕ tŭ. — De ce qu'il était petit et fort gros, un petit *tas* (de chair et d'os). Dit aussi *e' rtŏ*.

tĭt bărp (Gauchin-Verloing). — Cabaretier, frère des *bărbĕt*. Leur mère, fort petite de taille, se nommait *Barbe*.

' *tĭtĭ*.

' *tĭtĭn frŏs*. — Sage-femme décédée vers 1882, à l'âge de quatre-vingt-huit ans. Fille de *frŏs*. — Elle présida à la naissance d'une bonne partie des habitants de Saint-Pol. Crie-t-on : Vive la France? Vite, en son honneur, on s'empresse de répéter :

rtŏ lŭ frŏs!

kătrĕn ĕ tĭtĭn frŏs[7]*!*

---

[1] Personne mollasse, sans aucune énergie, sans aucun goût. ‖ [2] Un gros *mont de bren*. ‖ [3] Bals de la dernière catégorie, où règne une licence complète. ‖ [4] Se coucher de bonne heure. ‖ [5] Un peu simple. ‖ [6] Il n'en a pas. ‖ [7] Vive la France! Cantraine et *Titine France!*

'tĭ trâ. — Sœur de ld rĭe.

tŏbĭ ou tobĭ.

tŏſtĕ.

'tŏnŏ.

'tŏrkĕt (Monchy-Breton).

'tŏtĕ. — Mère de kĭzĕ.

tŏyâ. — Un vieux kăs-manaĕ[1] du moulin d'Hernicourt portait aussi ce sobriquet.

tŏm păs. — Petit de taille.

tŏybw. — Cabaretier à l'enseigne du Postillon. De très forte corpulence, il avait ŏn păe kŏm ă tŏybw[2].

tŏtŏ.

'trânĕt. — D'un tremblement nerveux dont elle était affectée[3]. — Un individu décédé il y a plus de cinquante ans, portait également ce sobriquet, et pour la même raison (trânĕt dĕlăplăs. — Delaplace).

tĭĕt-nŏăf (Marquay).

trŏtrŏ.

tărlŏr. — De père en fils.

tărlărĕt (Bailleul-aux-Cornailles).

tĭtăs.

tyăr-ĕ-brĕzĭt. — De ce que, dit-on, ne possédant pas de tŏmă[4], quoique habitant le centre de la ville, il avait pris l'habitude de faire ses nécessités sur un mŏ d' sĭd' ĭ byŏ d' brĭ-zĭt[5].

tyĕ-sĕ. — D'une constatation faite un jour par un de ses camarades : il ă tyĕ sĕ[6].

tyŏtyŏ.

vătrĕsĕk. — De l'anherzecke, nom de famille, par corruption.

vĕrdŏ. — Maraudeur aimant surtout les vĕrdŏ[7]. — Dit aussi bădŏw.

vĕr-sĭſĕ.

vĕrzyâ.

vĕ (Ramecourt). ... « Robert Waast, dict Vin » (1585).

wărf. — De père en fils depuis plus d'un siècle.

wărnĕk. — De père en fils depuis longtemps.

wĭl (Bryas).

wĭwĭ. — Dans son jeune âge, il prononçait ainsi son nom de Louis. — Sobriquet transmis à ses descendants.

yŏyĕ.

yŏ (Fillièvres)

yŏyŏ.

'zăbĕt ă-kŏbĭĕ. — Elle faisait des pâtés avec les tronçons de queues et les kăkăĕ[8] que son mari, ouvrier tanneur, rapportait souvent à la maison.

'zăbĕt-kărt-ĕ păt. — Parce qu'elle a de toutes petites jambes.

'zăbĕt-ĕ-brĕ.

zăkŏbĭĕ. — Fils de zăbĕt-ă-kŏbĭĕ. — Dit aussi ăkŏbĭĕ. — Par corruption du sobriquet de sa mère.

zĕzĕ.

'zĭzĭ, ou zĭzĭ lĕ bŏz yĕ.

zŏzŏ.

zăzăt.

zyĕp. — Voir bĭnŏt.

'zyĕ-d' ĕă.

---

[1] Valet de meunier. || [2] Un ventre comme un tonneau. || [3] trânĕ, trembler. || [4] Tonneau ou baquet tenant lieu de fosse d'aisance. || [5] Tas de cendres ou bien de braisettes. || [6] Il a chié sec. || [7] Sorte de pomme. || [8] Partie du crâne d'un bœuf tenant aux cornes, autour de laquelle est restée un peu de chair et de tendons.

lĕ bŏ brîlĕy (Saint-Pol). — Le Bois Brûlé. Un violent incendie dévasta ce canton des bois de Saint-Pol, en 1713.

lĕ bŏ cĭl (Séricourt). — Le Bois Charles.

lĕ bŏ d' buĭtĕ (Ostreville). — Le Bois de Boirin.

lĕ bŏ d' el môtân (Ramecourt). — *Le Bois des Montagnes.*

lĕ bŏ d' el mwân (Beauvois). — Le Bois des Moines.

lĕ bŏ d' lĕ kâtyŏw (Ramecourt). — Le Bois du Château.

lĕ bŏ dĕ dâm (Flers). — Le Bois des Dames.

lĕ bŏ dĕ gĕrĝĭyĕ (Valhuon). — Le Bois des Guinguignez.

lĕ bŏ d' ĕklĕryŏw (Hernicourt). — Le Bois d'Eclaireaux.

lĕ bŏ d' ĕl fâlĕk (Roëllecourt). — Le Bois de la Falecque. Défriché.

lĕ bŏ d' ĕl kârnwâ (Ligny-Saint-Flochel). — Le Bois de la Carnoye. Le charme (*kârn*) y dominait autrefois, dit-on.

lĕ bŏ d' ĕl kĕw (Humières). — Le Bois de la Queue.

lĕ bŏ dĕlkûr (Œuf-en-Ternois). — Le Bois Delcourt.

lĕ bŏ d' ĕl lĭhŭ (Diéval). — Le Bois de la Lihue.

lĕ bŏ dĕ lĭsyĕl (Lenzeux). — Le Bois des Lucielles.

lĕ bŏ d' ĕl mâlâdrĭy (Torcy). — Le Bois de la Maladrerie. Appartient au bureau de bienfaisance de cette commune, de même que le champ appelé : *ĕl mâlâdrĭy.*

lĕ bŏ d' ĕl vĭl (Saint-Pol). — Le Bois de la Ville. A la ville de Saint-Pol.

lĕ bŏ d' ĕl wârĕn (Nuncq). — Le Bois de la Garenne.

lĕ bŏ d' ĕpĭlôdĕl (Bryas). — Le Bois d'Epilourderie.

lĕ bŏ d' ĕpnâ (Epenchain, Cᵃᵉ de Roëllecourt). — Le Bois d'Epenchain.

lĕ bŏ dĕvŏw (Mont-en-Ternois). — Le Bois Deveaux. Défriché.

lĕ bŏ d' ĕfĕr (Chelers). — Le Bois d'Enfer.

lĕ bŏ d' fĭyĕv (Nuncq). — Le Bois de Fillièvres.

lĕ bŏ d' gŏĕ (Gauchin-Verloing). — Le Bois de Gauchin.

lĕ bŏ d' kâlĭmŏ (Calimont, commune de Saint-Pol). — Le Bois de Calimont. Défriché. Voir *el tĕr nĕb.*

lĕ bŏ d' kâpĕl (Bryas). — Le Bois de la Chapelle.

lĕ bŏ d' kŏw (Troisvaux). — Le Bois de Caux.

lĕ bŏ d' lâsû (Monts-en-Ternois). — Le Bois de Lassus. Défriché.

lĕ bŏ dlât (Saint-Pol). — Le Bois Delattre. Partie du Bois de la Ville.

lĕ bŏ d' l' ĕprŏ (Bryas). — Le Bois de l'Eperon.

lĕ bŏ d' lâ tĕtûs ou *tĕtûs* (Gauchin-Verloing). — Le Bois de la Têtuse[1].

---

[1] *tĕtûs* est le féminin patois de *tĕtu*. Peut-être le nom de ce bois est-il dû à une légende oubliée depuis longtemps.

le bô d' lîyî (Ligny-Saint-Flochel). — Le Bois de Ligny.

le bô d' lôg àtît (Prédefin). — Le Bois de Longue Attente.

le bô d' môplîzî (Séricourt). — Le Bois de Montplaisir.

le bô d' prônaê (Pronay, commune de Ramecourt).—Le Bois de Pronay.

le bô d' rôbèrwô (Averdoingt). — Les Robertvaux. Bois. Voir *eł rôbèrwô*.

le bô d' rwêlkûr (Roëllecourt). — Le Bois de Roëllecourt. Défriché.

le bô d' saⁱ (Sains, commune de Hautec.locque). — Le Bois de Sains.
— A Œuf-en-Ternois : Le Bois de Saint.

le bô d' sæ-flàyê (Sibiville). — Le Bois de Saint-Flayer.

le bô ⁱⁱ sæ-làⁱ (Ramecourt). — Le Bois de Saint-Ladre. Défriché; il
dépend de la ferme de ce nom, appartenant à l'hospice de Saint-Pol.

le bô d' sæ-mîeê (Saint-Michel). — Le Bois de Saint-Michel.

le bô dû bàrlê (Bailleul-aux-Cornailles). — Le Bois du Barlet. Ce bois,
aujourd'hui défriché, était autrefois très redouté des voyageurs; sa réputation égalait celle de la forêt de Bondy.

le bô d' ûbèyⁱ (Ramecourt). — Le Bois d'Huberlieu ou de Bélieul.

le bô dû flàyê (Herlincourt). — Le Bois du Flayel. La partie du terroir
de Croisette *lîstâ*[1] ce bois est également appelée : *e' bô dû flàyê*.

le bô dû kênwaê (Ramecourt). — Le Bois du Quesnoy. Défriché en
majeure partie.

le bô dû pâtî (Saint-Michel). — *Le Bois du Pâtis.*

le bô dû rwèy (Saint-Pol). — Le Bois du Roi. Partie défrichée du Bois
de la Ville.

le bô fâbê (Pierremont). — Le Bois Fabé.

le bô flàmâ (Gauchin-Verloing). — *Le Bois Flament.*

le bô frèsæ (Ramecourt). — Le Bois Fressin.

le bô frûkwê (Humières). — Le Bois Frucquois.

le bô gⁱô bônê (Bryas). — Le Bois Gros Bonnet.

le bô kâpêdⁱ (Croix). — Le Bois Capendu. Défriché.

le bô kâⁱdⁱ (Bryas). — Le Bois Carré.

le bô kâⁱⁱw (Gauchin-Verloing). — Le Bois Carreau.

le bôkê (Saint-Pol). — Le Bosquet. Partie du Bois de la Ville défrichée
depuis très longtemps. — Même lieu dit à Saint-Michel.

le bôkê bôdⁱⁱ (Valhuon; — Bours). — Le Bosquet Baudin.

le bôkê bⁱⁱjⁱ (Hestrus). — Le Bosquet Beugin.

le bôkê jâk (Œuf-en-Ternois). — Le Bosquet Jacques.

le bôkê zôzô (Herles-Monchel). — Le Bosquet Zozo.

---

[1] Bordant, tenant à.

le bɔ̌ kɑ̌lbyèr (Flers). — La Caudebière.

le bɔ̌ kɑ̌lrɔ̌ (Blangermont). — Le Bois Caudron.

le bɔ̌ kŭlɔ̌ (Flers). — Le Bois Coulon.

le bɔ̌ lmwɑ̌n (Œuf-en-Ternois). — Le Bois Lemoine.

le bɔ̌ mɑ̌dɑ̌m (Nuncq). — Le Bois Madame.

le bɔ̌ mɑ̌lkŏtĕ (Roëllecourt). — Le Bois Malcontent. Défriché.

le bɔ̌ mɑ̌rœ̌l (Belval, commune de Troisvaux). — Le Bois Marœuil.

le bɔ̌ pɑ̌lɑ̌r (Pierremont). — Le Bois Paillart.

le bɔ̌ pŭdŭ (Blangermont). — Le Bois Pendu.

le bɔ̌ rŏbèr (Œuf-en-Ternois). — Le Bois Robert.

le bɔ̌ rŭtyĕ (Saint-Pol). — Le Bois Routier. Partie du Bois de la Ville.

le bɔ̌ tŭrnĭ (Saint-Pol ; — Saint-Michel). — Le Bois Tourny.

le bɔ̌ ŭtŭy (Ligny-Saint-Flochel). — Le Bois Hutin.

le bɔ̌zĭlĕ (Pernes-en-Artois). — Le Boisillet.

ɔ̌ zŏkĕ (Bours). — Le Bois Honquet.

le brŭnĭmɔ̌ (Diéval). — Le Brunemont.

le bŭ̂eɔ̌ (Gouy-en-Ternois). — Le Buisson[1].

le bŭ̂eɔ̌ ŭ vyŏlĕt (Bermicourt). — Le Buisson à Violettes.

le bŭ̂eɔ̌ d' eĕ gŏblɑ̌ (Pierremont). — Le Buisson des Gobelins.

le bŭ̂eɔ̌ dĕ gĕrgĭyĕ (Hucliers). — Le Buisson des Guerguinettes.

le bŭ̂eɔ̌ d' sĕyŭ (Diéval). — Le Buisson de Séu[2].

le bŭ̂eɔ̌ jĕtŭ (Héricourt). — Le Buisson Faitout. Point d'intersection de plusieurs cantons.

le bŭ̂eɔ̌ rŏbŭy (Marquay). — Le Buisson Robin.

le bŭ̂es tŏmŭ ɑ̌lĕt (Saint-Michel). — Le Buisson Thomas Hallette.

le bŭ̂fyŏw (Herlincourt). — Le Bouffiau.

le bŭ̂lɑ̌r (Roëllecourt). — Le Bouillard. Bois, autrefois planté de *bŭlɑ̌r*[3].

le byĕf (Ecoivres). — Le Bief. Ainsi nommé à cause de la nature des terrains composant ce canton[4].

le eɑ̌tŏw (Saint-Pol). — Voir *le kɑ̌tyŏw*.

le eĕ d' ĕ (Humières). — Le Cent d'Œufs. Allusion au village d'Œuf (*ĕ*), dont le terroir touche à ce canton.

le erĭjĕ (Troisvaux). — Le Cerisier. — Même lieu dit à Humereuil.

le dĕsŏlŭ (Magnicourt-sur-Canche). — Le Dessolé.

---

[1] Un buisson (*bŭ̂eɔ̌*) servant de borne est ordinairement la cause de ces appellations : *le bŭ̂eɔ̌; le bŭ̂eɔ̌ d...*, etc. ‖ [2] *sĕŭ, sĕyŭ* ou *sĕyŭ*, sureau. ‖ [3] Bouleau. ‖ [4] *byĕf*, terre argileuse, compacte et collante, souvent mélangée de silex.

lɛ dȋmᵻᵲ ou *ɛ' dȋbᵲ* (Troisvaux). — Le Dimeron. On dit aussi : *ɛ' bȋbᵲ*.

lɛ dyȃl (Izel-lez-Hameau). — Le Diale.

lɛ dyñ dɛ kȃ (Saint-Pol). — Le Dieu des Camps. Ancienne *sᵲ*[1] aujourd'hui détruite, ainsi nommée sans doute à cause d'une petite chapelle incrustée dans un pignon ou dans le mur de façade. Ce lieu dit n'est plus guère connu.

lɛ fȃtᵲ (Œuf-en-Ternois). — Le Fatou.

lɛ flȏ à kȏɛꝺ ou *ɛ' flȏ-kȏɛꝺ* (Saint-Pol). — Le Flot à Cochons. Un *flȏ*[2] existait autrefois en cet endroit.

lɛ fȏsᵲ à kȏrnȃl (Saint-Michel). — Le Fossé à Cornailles.

lɛ fȏ[3] *bȇkñ* (Eps). — Le Fond Bécu.

lɛ fȏ d' ɛllȃkȗr (Ramecourt). — Le Fond de Siracourt.

lɛ fȏ d' dȏtrᵲ (Ostreville). — Le Fond d'Ostrel.

lɛ fȏ d' kȃprȋ (Hermaville). — Le Fond de Capry.

lɛ fȏ d' krȃjᵲt (Œuf-en-Ternois). — Le Fond de Croisettes.

lɛ fȏ d' l' ᵲrmȋtȃʃ (Saint-Pol). — Le Fond de l'Ermitage. Dans le Bois de la Ville. L'ermitage qui existait dans ce canton fut démoli en 1755.

lɛ fȏ d' rȏbᵲrꝺ — Voir *ɛꝺ rȏbᵲrꝺ*.

lɛ fȏ d' nᵲvȋl (Moncheaux). — Le Fond de Neuville.

lɛ fȏ d' ᵲ̇ (Croisettes). — Le Fond d'Œuf.

lɛ fȏ fyȃk (Bailleul-aux-Cornailles). — Le Fond Fiacre.

lɛ fȏ mȃkᵻyȏ (Troisvaux). — Le Fond Maquignon.

lɛ fȏ pȏnᵲ (Œuf-en-Ternois). — Le Fond Ponet.

lɛ fȏ tȃkᵲ (Troisvaux). — Le Fond Taquin.

lɛ fȃrmȋᵲ (Saint-Pol). — Le Fremy. Partie défrichée du Bois de la Ville.

lɛ gȃlȃf (Hestrus). — Le Galaffre.

lɛ gȃrdȋnᵲ (Marest). — Le Jardinet.

lɛ gȃrȋmᵲ (Chelers). — Le Garimetz.

lɛ grȃ-mȃrᵲ (Saint-Michel). -- Le Grand-Marais.

lɛ grȃ-ryᵲ (Œuf-en-Ternois). — Le Grand-Rietz[4].

lɛ grȃ vȃlȏ (Saint-Michel). — *Le Grand Vallon*. Lieu dit dans le bois de Saint-Michel.

lɛ gᵲȋyȃr (Œuf-en-Ternois). — Le Grignard.

lɛ kȃlȏmȏ (Izel-les-Hameau). — Le Callaumont.

lɛ kȃtyȏw[5] (Saint-Pol). — Le Château. Emplacement de l'ancien châ-

---

[1] Ferme. || [2] Mare. || [3] Le mot *fȏ* indique toujours une dépression de terrain. || [4] *ryᵲ* ou *ȃryᵲ*, terrain vague, terrain communal. || [5] A Saint-Pol-ville, concurremment : *lɛ ᵲȃtȏw*.

teau fort des comtes de Saint-Pol. Pendant la Révolution, on l'appelait *là mòtèn ;* on y célébrait toutes les fêtes, officielles ou populaires.

te kàtyò d' èpèn (Saint-Pol). — Le Château d'Epine. Partie défrichée de la forêt de Saint-Pol. Ce nom rappelle vraisemblablement la coutume suivante : « Quand elle se doit relever (*la terre d'Epinoy*), ledit Comte (*de Saint-Pol*) est tenu venir au devant dudit seigneur d'Espinoy jusques à l'entrée des bois de Saint-Pol, au lieu où est croissant certaines *espines*, et illecq ledit seigneur d'Espinoy doit présenter et délivrer audit Comte ung blanc fust de lanche, et ledit Comte doit tirer de son doit ung anneau à pierre et le poser au doit dudit seigneur d'Espinoy. » (Coutumes de la châtellenie d'Epinoy.)

te kàtyò-rùj (Bryas). — Le Château-Rouge.

te kià à fràmyò (Denier). — Le Champ à Freumions [1].

te kià à lùjè (Thièvres). — Le Champ à Lugets. On y a jadis trouvé une douzaine de cercueils [2] de pierre.

te kià à mùk (Eclimeux). — Le Champ à Mouches.

te kià àz àgùl (Hernicourt). — Le Champ aux Aiguilles. Terres contenant une quantité de petites pierres de forme *allongée, kòm àdz àgùl* [3].

te kià àz òs (Croix). — Le Champ aux Os. On a dû jadis y recueillir beaucoup d'ossements.

te kià d' l' èpèn (Lenzeux). — *Le Champ de l'Epine.* C'est le lieu où les *còrèll* [4] vont célébrer le sabbat, assurent les habitants de ce village.

te kià flèrì (Herlincourt). — Le Champ Fleuri.

te kià grìlè (Floringhem). — Les Champs Grillés.

te kià kòdrò (Saint-Michel). — Le Champ Caudron.

te kià mò d' òs (Bermicourt). — Le Champ Mont d'Os.

te kià mùlèò (Houvin-Houvigneul). — Le Champ Mouchon.

te kià rùnò (Herlincourt). — Le Champ Ramon.

te kià vèrsàè [5] (Saint-Michel). — Le Champ Versin.

te kèyù ou *e' kèyù* (Blangy-sur-Ternoise). — Le Chef-lieu.

te kmè blè (Saint-Michel). — Le Chemin-Blanc. Terrain crayeux.

te kmè d' àvìyò (Œuf-en-Ternois). — Le Chemin d'Avignon.

te kmè dè kàmyòw (Ligny-Saint-Flochel). — Le Chemin des Camiaulds. Certains habitants de ce village nomment ce canton : *te kmè dè kòrmyòw.*

te kmè d' et kàs-màræ (Œuf-en-Ternois). — Le Chemin des Chasses-Marées.

---

[1] *fràmyò*, fourmi. ǁ [2] *lùjè*, cercueil. ǁ [3] Comme des aiguilles. ǁ [4] Sorcières. ǁ [5] Les Saint-Polois disent : *te kà vèrsè.*

le kmè d' rûklè (Floringhem). — *Le Chemin de Ruclin.*

le kmè dû môlà (Ligny-Saint-Flochel). — Le Chemin du Moulin.

le kmè krèjè (Ligny-St-Flochel; — Floringhem). — Le Chemin Croisé.

le kôklè (Pressy). — Le Coquelet.

le kôp-gôrj (Saint-Michel). — Le Coupe-Gorge. Point de jonction de plusieurs ravins boisés. Les voyageurs évitaient autrefois d'y passer pendant la nuit, de peur d'y être dévalisés ou même assassinés.

le kôrnè brûlà (Ligny-Saint-Flochel). — Le Cornet Brûlant.

le kôrnè flipô (Ligny-Saint-Flochel). — Le Cornet Flipot. La forme des pièces de terre composant ce canton, ressemble à une espèce de *corne* qui entre dans le bois d'Averdoingt. Même remarque pour *le kôrnè brûlà.*

le kôbà ou *e' kôbô* (Flers). — Le Combat.

le krèv-kèr (Hernicourt). — *Le Crève-cœur.* Côte très escarpée.

le kris (Saint-Pol). — Le Christ. Partie du Bois de la Ville. Ce nom vient d'un crucifix attaché au tronc d'un vieux chêne depuis une époque très reculée. Ce chêne, à moitié mort de vieillesse, ayant été renversé par un ouragan il y a quelques années, le garde Flament en replanta un autre à côté de la souche de l'ancien, en 1884, et y recloua *e' kris.*

le krûpîkè (Œuf-en-Ternois). — Le Crépiquet.

le krû (Pierremont). — Le Crou du Moulin ou simplement le Crou. Eminence sur laquelle est construit le moulin de Pierremont.

le kûrtî à lèû (Belleville, commune de Rougefay). — Le Courtil à Leus.

le kûrtî à trwè kôrnè (Humières). — Le Courtil à Trois Cornets.

le kûrtî àz èpèn (Croisettes). — Le Courtil aux Epines.

le kûrtî fôyàr (Ligny-Saint-Flochel). — *Le Courtil Foyard.* Etait autrefois planté de *hêtres* [1].

lel àp à krwè (Œuf-en-Ternois). — *L'Arbre à Croix.* Cette appellation vient d'un gros arbre planté sur le bord d'un carrefour, entre Guinecourt et [Œuf. Il est d'usage *d' tîkè* [2] une petite *croix* de bois au pied de cet arbre, lorsque le convoi d'une personne décédée à Guinecourt passe vis-à-vis pour se rendre à l'église d'Œuf.

lel àp dû kèmè. — Voir *wàkèmè,* aux Noms de Lieux.

lel àryè fàrè (Saint-Pol). — Le Rietz Farré. Partie du Bois de la Ville.

lel èràp (Saint-Michel). — L'Erable. Partie du Bois de Saint-Michel dans laquelle cette essence dominait.

lel èfèr (Valhuon). — L'Enfer.

---

[1] *fôw,* hêtre, n'est employé actuellement que dans cette expression : *kàrbô d' fôw,* charbon de bois. ‖ [2] Ficher en terre.

tel lèn (Valhuon). — L'Enseigne.

tel ôbèt (Saint-Pol). — *L'Hobette*. Les habitants des faubourgs de Béthune et d'Arras désignent ainsi l'emplacement de la Tour Plombée du château de Saint-Pol.

tel ô-sèv (Ligny-Saint-Flochel). — La Haute-Sève. Partie élevée du terroir de Ligny, à l' *àpwat* [1] des bois d'Averdoingt. — *tel ô-sèv* (Averdoingt). — La Haute-Sève. Bois, appelé *le Bois de Losève* sur un plan de 1765.

tè iô bàl (Calimont, commune de Saint-Pol). — *Le Long Bail*. Ce manoir avait été loué pour 99 ans. Voir *tl dàrnyè sà*.

tè iô kôtrô (Fontaine-les-Boulans). — Le Long Cotron.

tè iô rèdyàw (Hernicourt). — Le Long Rideau.

tè iô ryè (Valhuon). — Le Long Rietz.

tè màlàj (Tincques). — Le Malage.

tè màdèlè (Hernicourt). — Le Mandelier.

tè môlà (Flers). — Le Moulin.

tè môlè à kràpèt (Tangry). — Le Moulin à Crapettes. Y a-t-on fait des *kràpèt* ? [2]

tè môlè à l' ôl (Œuf-en-Ternois). — Le Moulin à l'Huile. Démoli depuis longtemps [3].

tè môlè blà (Valhuon). — Le Moulin Blanc.

tè môlè d' bùfyàw (Hauteclocque). — Le Moulin de Bouffiau.

tè môlè dèl fôs (Saint-Pol ; — Gauchin-Verloing). — Le Moulin de la Fosse. Démoli depuis un siècle environ.

tè môlè d' èvì (Ramecourt). — Le Moulin d'Envie. Il était situé sur le bord de l'ancienne *voie* romaine de Saint-Pol à Vieil-Hesdin.

tè môlè d' kèn (Œuf-en-Ternois). — Le Moulin de Chêne.

tè môlè d' pyèr (Œuf-en-Ternois). — Le Moulin de Pierre.

tè môlè rùj (Saint-Pol). — Le Moulin Rouge. Un moulin existait autrefois dans ce canton ; je n'ai pu savoir s'il était peint en rouge.

tè mô (Saint-Pol). — Le Mont, promenade dominant la ville. — A Pernes-en-Artois, une place très élevée, où se tient le marché aux vaches, porte également ce nom.

tè mô d' è (Œuf-en-Ternois). — Le Mont d'Œuf. Partie élevée du terroir de cette commune.

---

[1] Contre. ‖ [2] Crêpes ou plutôt *crêpettes* (pâtisserie). Les *kràpèt* sont aussi appelées *ràtô*. ‖ [3] Ces lieux dits : *tè môlè*.... etc., doivent leur nom à différents moulins à vent, dont la plupart sont aujourd'hui démolis.

ɫɛ pɑ̆rɑ̆dĭ (Gauchin-Verloing; —Ramecourt; —Troisvaux; —Valhuon). — Le Paradis.

ɫɛ pɑ̆rtɛr (Troisvaux). — Le Parterre.

ɫɛ pɑ̆rtrŭĭ (Monts-en-Ternois). — Le Pertuis.

ɫɛ pĭlŏ (Flers). — Le Pilot[1].

ɫɛ pĭlŏ rŭĵ (Saint-Pol). — *Le Pilot Rouge.* Il y avait là, dit-on, un poteau de cantonnier peint en rouge.

ɫɛ plɥŏlĭ (Nédon). — Le Pignolet.

ɫɛ plɑ̃tĭ (Saint-Pol). — Le Plantis ou la Place Verte. Clairière qui se trouvait dans le Bois de la Ville, et que l'on a fait *replanter.*

ɫɛ plĕgɑ̆r (Pernes-en-Artois). — Le Pré Englard.

ɫɛ plŭĭ (Diéval). — Le Plouy.

ɫɛ pɔ̆rt-pɛ̆ŭ (Troisvaux; — Monchy-Cayeux). — Le Porte-Peu. Terres de peu de rapport.

ɫɛ prĕ ɑ l' yŏw (Saint-Pol). — Le Pré Aria. Dans un Etat des rues, chemins, etc., de 1811, il est appelé : *Le Pré Collaria.*

ɫɛ prĕ d' l' ɛ̃fɛr (Saint-Michel). — Le Pré de l'Enfer.

ɫɛ prĕ gŭrdɛ̃n (Ramecourt). — *Le Pré Gourdaine.*

ɫɛ prĕ jɑ̃-pĭĭ (Ramecourt). — *Le Pré Jean Petit.*

ɫɛ prĕ kɑ̆yñ (Ramecourt). — *Le Pré Cagnu.* Terrain crayeux.

ɫɛ prĕ kɑ̆rnɛl (Ramecourt). — *Le Pré Carnel.*

ɫɛ prĕ lɑ̆mɔt (Ramecourt). — *Le Pré Lamotte.*

ɫɛ rɑ̆pɑ̆r (Saint-Pol). — *Le Rempart.* On nomme ainsi l'ancien clos des Chanoines qui touchait aux remparts de la ville, au sud-est.

ɫɛ rɑ̆pɑ̆r dĕ kɑ̆lŏyĕ (Saint-Pol). — Le Rempart des Canonniers. L'ancienne confrérie des Car...nniers Saint-Polois s'exerçait au tir dans le fossé bordant cette partie des remparts de la ville.

ɫɛ rĭdĭ (Valhuon). — Le Rendet ou Rendat.

ɫɛ tĕrwĕ d' bɑ̆lŏ (Valhuon). — Le Terroir de Baillon.

ɫɛ tĕrwĕ dŭ ɑ̆mɛl (Valhuon). — Le Terroir du Hamel.

ɫɛ tĭpɑ̆jŭk ou *s' tɑ̆pɑ̆jŭk* (Œuf-en-Ternois). — Le Timpajoucque. Canton situé près du village; c'est pour cela, dit-on, que les gens qui y occupent des terres, peuvent rentrer chez eux de plus bonne heure, et par conséquent *s' mĕt ɑ jŭk pŭ tĕp*[2] que les autres.

ɫɛ tĭ-mɑ̆rĭ (Saint-Michel). — Le Petit-Marais.

ɫɛ tĭ-ryĕ (Œuf-en-Ternois). — Le Petit-Rietz[3].

---

[1] *pĭlŏ*, pieu, poteau. || [2] Se mettent *à joucque* (se couchent) de plus bonne heure. || [3] *ryĕ* ou *ɑ̆ryĕ*, terrain vague, terrain communal.

ès tyèrmõ (Valhuon). — Le Treumont ou le Tierremont.

ès vàlèbõ (Camblain-l'Abbé). — Le Valembois.

ès vìyõl (Pierremont). — Le Vignol. Rappelle sans doute la culture de la vigne.

ès vyñ kmè d' bètàn (Saint-Pol). — Le Vieux Chemin de Béthune.

ès vyñ kmè d' pèrn ou *l' krèʒ* [1] *d' ès vyñ kmè d' pèrn* (Saint-Pol). — Le Vieux Chemin de Pernes.

èdzèr èl jòsè d' eè sòs (Ligny-Saint-Flochel). — Le Dessus du Fossé des Saules.

èl bàrnèy (Arras). — La Bernée. Ancien dépotoir de cette ville.

èl bàrtàn (Flers ; — Héricourt). — La Bretagne.

èl bàtàl (Diéval). — La Bataille.

èl bàʒ bùlõn (Saint-Pol). — La Basse-Boulogne. Ce canton est nommé *Colardie* sur une carte de 1758.

èl bèl vàlaè d' èfèr (Troisvaux). — La Belle Vallée d'Enfer.

èl bèl vñ (Gauchin-Verloing). — *La Belle-Vue*. Point élevé d'où l'on découvre la vallée de Ramecourt et une partie de celle de la Ternoise.

èl blàe màʒõ (Saint-Pol). — La Blanche Maison. On dit aussi *l' blàe mõtàn*. Côte crayeuse assez élevée, au sommet de laquelle se trouve une vieille maison construite en pierres blanches.

èl blàe nòtèr-dàm (Troisvaux). — La Blanche Notre-Dame.

èl bènèt (Flers ; — Ecoivres). — La Bunette ou la Beunette.

èl bñeõ d' eè dìs-sèt (Bryas). — Le Buisson des Dix-Sept.

èl bñeõ d' eè trèʒ (Gauchin-Verloing). — Le Buisson des Treize.

èl bùlwaè (Wavrans). — La Bouloie.

èl eèmìnèy. — Voir *èl kmìnèy*.

èl dàrnyè sñ (Calimont, commune de Saint-Pol). — *Le Dernier Sou*. Dit aussi : *e lõ bàl*. Ce manoir était autrefois *àmàʒè* [2] d'une maison qui servit longtemps de cabaret, sous l'enseigne : *Au Dernier Sou*. Cette appellation commence à vieillir.

èl fàlèk (Saint-Michel). — La Falèque.

èl flàk (Saint-Pol). — *La Flaque*. Il y avait toujours une flaque d'eau en cet endroit. Un petit pont construit en face, sur la route de Fruges, s'appelait, au siècle dernier : Le Pont de la *Basse-Flaque*.

èl jòs à lèñ (Prédefin). — La Fosse aux Loups.

èl fõ d' eè dùʒ (Saint-Michel). — Le Fond des Douze.

èl fõ d' eè kòdyèr (Saint-Pol). — Le Fond des Chaudières. Partie non

---

[1] *krèʒ*, ravin. || [2] Sur lequel existent des constructions.

défrichée de la forêt de Saint-Pol. On y remarque un certain nombre de fosses appelées *kâlyèr*[1], dans lesquelles croissent difficilement quelques brins de taillis rabougris, et que les croyances populaires prétendent avoir été jadis les lieux de rendez-vous des *sôrêll*[2] et des *môuè*[3], qui venaient y célébrer le sabbat.

Il fô d' le bô bâyô (Saint-Michel). — Le Fond du Bois Bayon.

Il fô d' le krûbîlê (Œuf-en-Ternois). — Le Fond du Crubillet.

Il fô d' lâfâyêt (Humières; — Bermicourt). — Le Fond de Lafayette.

Il fô d' ôrlêkûr (Marquay). — Le Fond d'Horlincourt.

Il fôtân lâ l' êrmîtâf (Saint-Michel). — La Fontaine de l'Ermitage. C'est la source principale du ruisseau des *Fontinettes*; elle est située à l'extrémité du *Bois du Pâtis*, non loin de l'endroit où se trouvait l'ermitage du *Bois de la Ville*.

Il frâk têr (Gouy-en-Ternois). — La Franche Terre.

Il gâlân (Fiefs). — La Galanne.

Il gâlôp (Hauteclocque). — La Galoppe.

Il gâlîrî (Floringhem). — La Galterie. Les terres de ce canton contiennent beaucoup de pierres[4].

Il gârdî d' lâ vîl (Saint-Pol). — Le Jardin de la Ville. Partie du Bois de la Ville, autrefois à usage de pépinière.

Il gârdî pyèr pôtêl (Saint-Pol). — *Le Jardin de Pierre Potel*. Nom populaire du cimetière de Saint-Pol; Pierre Potel en fut longtemps le fossoyeur.

Il gârgân (Vacqueriette). — La Gargane.

Il gârnôtyèr (Ramecourt). — *La Garnotière*. Partie du parc du château où l'on fabriquait le noir animal, lorsque la sucrerie de M. de Ramecourt était en activité[5]. Cet endroit est aussi appelé *l' gârnûlêr*, la Grenouillère.

Il glnêt (Guinecourt; — Héricourt). — La Guinaise.

Il glîsêt (Saint-Pol). — *La Glissette*. Nom populaire de la partie de la rue des Procureurs comprise entre la rue Nationale et le pont d'Aire. La pente en est très raide, et, pendant l'hiver, il arrive souvent que les gens et les chevaux qui y passent *glîsêt*[6] et tombent.

Il grâ rût (Ligny-Saint-Flochel). — *La Grand'Route*. Canton avoisinant la route nationale de Saint-Pol à Arras.

Il jûsîs (Saint-Pol; — Saint-Michel; — Herlin-le-Sec). — La Justice. Point situé à l'intersection des trois terroirs, où se dressaient les fourches patibulaires et aussi, croit-on, l'habitation de *Monsieur de Saint-Pol*, autrement dit : *s' bûryôw*[7].

---

[1] Chaudières. || [2] Sorcières. || [3] Diables, esprits malins. || [4] *gâltî*, rouler. || [5] *gârnôtî*, bouillir en faisant du bruit. || [6] Glissent. || [7] Le bourreau.

êl kàbôe (Œuf-en-Ternois). — La Caboche.

êl kàlànèe (Lenzeux). — La Canonnée. Rue où n'habitent que les descendants des *sôreêl* [1]. Les habitants de ce village n'aiment guère à y passer.

êl kàlàn (Diéval). — La Calanne.

êl kàpêl àl bàlê (Ligny-Saint-Flochel). — La Chapelle de Bailleul. Une chapelle se trouvait en cet endroit.

êl kàplèt (Monts-en-Ternois). — *La Chapelette*. Cette appellation vient d'une petite niche appliquée contre le tronc d'un tilleul, et renfermant une statue de la Vierge. — Même lieu dit à Diéval.

êl kàrbônèe (Bermicourt; — Pierremont). — La Carbonnée.

êl kàkèl (Humières). — La Carœulle.

êl kàryèr à lèw (Saint-Pol). — La Carrière à Leus. *kàryèr* [2] dans le Bois de la Ville.

êl kàryèr à fràmyô (Saint-Pol). — *La Carrière à Fourmis*. Dans le Bois de la Ville.

êl kàryèr d' ês bûeô à ràn (Saint-Pol). — La Carrière du Buisson [3] à Grenouilles. Dans le Bois de la Ville.

êl kàryèr dè krwê (Saint-Pol; — Saint-Michel). — La Carrière des Croix. *kàryèr* dans les bois de Saint-Pol et de Saint-Michel.

êl kàryèr dûôpô (Saint-Pol). — La Carrière Duhautpas. Dans le Bois de la Ville.

êl kàvê à kàyôw (Saint-Pol). — La Cavée à Cailloux.

êl kàvê d' gûênkàr (Œuf-en-Ternois). — La Cavée de Guinecourt.

êl kàvê d' àmyèr (Œuf-en-Ternois). — La Cavée d'Humières.

êl kàvê vèrt (Canteraine, commune de Saint-Pol). — La Cavée Verte. Chemin creux dont les talus sont boisés.

êl kà d' eê kàrm (Ramecourt). — Le Champ des Carmes. Appartenait jadis aux Carmes chaussés de Saint-Pol.

êl kên d' ês màyèr (Saint-Pol). — Le Chêne du Mayeur. Partie du Bois de la Ville où, dit-on, se trouvait avant la Révolution un chêne énorme connu sous ce nom. Cette appellation n'est plus guère usitée.

êl kênèl (Saint-Pol). — La Quenouille. Partie défrichée de la forêt de Saint-Pol.

êl kênwê (Œuf-en-Ternois). — Le Quesnoy.

---

[1] Sorcières. || [2] Chemin d'exploitation; proprement : voie où un *kàr* (chariot) peut passer. || [3] *Buisson* = partie de bois d'une certaine étendue. Employé dans cette acception dans une transaction relative à la forêt, passée en 1587 entre la ville et la comtesse de Saint-Pol.

ll kmẽ d' eĩ kòryòw (Roëllecourt). — Le Chemin des Corniaux.

ll kmẽ d' eĩ mòr (Roëllecourt). — Le Chemin des Morts.

ll kmẽ d' lẽ prĩs (Saint-Michel). — Le Chemin du Prince.

ll kmẽ d' lelãll (Saint-Michel). — Le Chemin de Stalin (nom de famille).

ll kmĩnẽy[1] (Saint-Pol). — La Cheminée. Sentier abrupt, dans le Bois de la Ville ; il serpente sur le flanc des Blanc-Monts et conduit à Grand-Camp.

ll kòrbyẽr (Beauvois). — La Corbière.

ll kẽ d' trẽvòw (Saint-Pol). — La Queue de Troisvaux. Partie non défrichée de la forêt de Saint-Pol, ayant une forme très allongée et contournant le village de Troisvaux.

ll krẽkãn drẽ (Conchy-sur-Canche). — La Crincagne Dré[2].

ll krẽẕ ã mòyòw ou *l' rũ dẽ mòyòw* (Ramecourt). — *La Creuse à moineaux.* Chemin creux dont les talus, garnis de broussailles et de haies touffues, servent d'asile à une quantité d' *mòyòw*[3].

ll krẽẕ d' lẽ vyñ kmẽ d' pẽrn. — Voir *lẽ vyñ kmẽ d' pẽrn.*

ll krẽẕ ẽd eĩ dij-ũĩt (Saint-Pol). — Le Ravin des Dix-Huit.

ll krẽẕ ẽd eĩ sãvòyãr (Ramecourt). — Le Ravin des Savoyards.

ll krwẽ d' grẽ (Saint-Michel). — *La Croix de Grès.* Extrémité du terroir de Saint-Pol, du côté de Saint-Michel. On ne connaît plus exactement l'emplacement de la croix de grès qui donna son nom à ce lieu dit ; elle se trouvait, croit-on, aux abords d' *ll pwĩt*, et fut détruite à l'époque de la Révolution. Il existe un dicton se rapportant à ce lieu dit : *ãlẽ ã l' krwẽ d' grẽ.* C'est à peu près comme si l'on disait : aller au bout du monde. Ce dicton s'applique ordinairement aux personnes avares : *ãl ĩrwẽ ã l' krwẽ d' grẽ pũr æ yãr*[4].

ll kũmẽy (Buire-au-Bois). — La Cumehaie.

ll kũrt-rwãy (Boubers-sur-Canche). — La Courte-Raie.

ll kũtũr (Humereuil). — La Couture. — A Bours : *ll kũtũt.*

ll lẽdõn (Floringhem). — La Laidronne.

ll lòkẽt (Herlin-le-Sec). — La Loquette. Les habitants de l'une des deux maisons de cette section étaient continuellement malades, et *y' ãvwẽ tũdĩ dẽ lòk ẽ dẽ lòkẽt ã rẽcũẽ ã sẕ æ*[5].

ll lõg-ẽy (Rosemont, commune de Saint-Pol). — La Longue-Haie. Les

---

[1] A Saint-Pol-ville, concurremment : *ll eẽmĩnẽy.* || [2] *krẽkãn*, colline escarpée ; synonyme de *bãrbãkãn* || [3] De moineaux. || [4] Elle irait à la Croix de Grès pour un liard. || [5] Il y avait toujours des *loques* et des *loquettes* à sécher aux haies.

prés et les jardins de Rosemont aboutissent tous de ce côté à un chemin rural, et sont clos par une longue haie bordant ce chemin. Un dicton : *vå-t-ż tyż å l' lŏg ży*[1] est en usage à Saint-Pol, au faubourg de Béthune particulièrement ; c'est l'équivalent de : va-t-en au diable ! va-t-en paltre !

żl lŏglyżl (Ramecourt). — La Longuigneul. Ce nom vient d'une *longue* haie qui se trouve dans ce canton. Même lieu dit à Boubers-sur-Canche.

żl lŏg rżb (Beaufort). — La Longue Rive[2].

żl lŏg vwży (Saint-Pol). — La Longue Voie. Chemin d'exploitation traversant une bonne partie des terres appartenant à la ville de Saint-Pol.

żl måkwår (Agnières). — La Macoire.

żl målådrły (Torcy). — La Maladrerie. Voir *że bŏ dżl målådrły*. — Même lieu dit à Averdoingt.

żl mżżżr å l' sżrżl (Ramecourt). — *La Mesure à l'Oseille*. Pièce de terre ainsi nommée à cause de la grande quantité de *żlt sżrżl*[3] qui y croit.

żl mżżżr pż tżr (Saint-Michel). — La Mesure Pointerre. Ce nom lui vient, dit-on, de ce qu'elle fut un jour cédée pour un *pż tżr*[4].

żl mŏrżt (Humières). — La Ferme Moret.

żl mŏ-sżt-lwży (Marquay). — Le Mont-Saint-Eloy.

żl mŏtan d' żgłŏw (Saint-Martin-Glise, commune d'Hernicourt). — La Montagne des Egroux.

żl mżt (Saint-Martin-Glise, commune d'Hernicourt). — La Mutte[5].

żl mżtlŏt (Canettemont). — La Mutelotte.

żl nåsyŏ (Nuncq). — La Nation.

żl nŏkrły (Berles-Monchel). — La Nocrie[6].

żl nwår tżr (Diéval). — La Noire Terre.

żl plån d' że bŏ kåpżdå (Croix). — La Plaine du Bois Capendu. Ce bois longeait les terres de ce canton, avant son défrichement.

żl plån d' że bŏ tżrnł (Saint-Michel). — La Plaine du Bois Tourny. Est bordée d'un côté par ce bois.

żl plån d' żrlż (Saint-Pol ; — Saint-Michel ; — Herlin-le-Sec). — La Plaine d'Herlin.

żl plån d' żvŏ (Séricourt). — La Plaine d'Honval.

żl plån żd żż fŏs å lżw (Saint-Michel). — La Plaine de la Fosse aux Loups.

żl plåtł (Auxi-le-Château). — Le Planty.

żl plżmżt (Vacquerie-le-Boucq). — La Plumette.

żl pŏ d' żż mårtżż (Aumerval). — Le Pas de Saint-Martin. Canton situé

---

[1] Va-t'en chier à la Longue-Haie. || [2] *rżb*, bord d'un champ. || [3] Rumex acetosella. || [4] Pain tendre. || [5] *mżt*, silo, tas de terre. || [6] *nŏkrły*, pépinière.

entre Pernes et Aumerval, à la hauteur du Bellimont. Au bord de la route, près d'un fossé, se trouve, placé là de temps immémorial, un bloc de grès à la surface duquel on remarque une empreinte ayant la forme d'un pied de cheval, et profonde de quelques centimètres. La tradition assure que cette marque fut faite par le pied du cheval de saint Martin, lorsque, poursuivi par des soldats romains, il sauta du Bellimont dans la plaine. Les personnes fatiguées par une longue marche n'ont qu'à mettre le pied dans cette empreinte (on ne dit pas pendant combien de temps), et la fatigue disparaîtra sûrement.

ĕl pwĕt (Saint-Michel). — *La Pointe.* La rue des Granges fait en cet endroit un angle très aigu avec la route d'Arras.

ĕl pyĕsĕt d' ĕrlĕkŭr (Marquay). — Le Sentier d'Horlincourt.

ĕl pyĕsĕt ĕd cĕ kŭplĕt (Saint-Michel). — Le Sentier des Chapelettes.

ĕl pyĕsĕt mŭlvŏ (Marquay). — Le Sentier Malvaux.

ĕl rĕdyŏ d' cĕ sĕʒ (Saint-Michel). — Le Rideau des Seize. D'un rideau bordant une pièce de terre de seize *mesures*.

ĕl rŏd ĕpĕn (Hucliers). — La Ronde Epine.

ĕl rĕlĕt à lĕw (Saint-Pol). — *La Ruellette à Loups.*

ĕl rŭ à kŭyŏw (Saint-Michel). — La Rue à Cailloux. Cette rue est le prolongement d'une *krĕʒ*[1] venant du Bois Bayon. Comme la pente en est assez forte, les eaux provenant d'orages ou de fortes pluies entraînent une grande quantité de cailloux qui vont encombrer cette rue.

ĕl rŭ d' bŏ (Marquay). — La Rue de Bas.

ĕl rŭ dĕ kŏp-gĕl (Saint-Pol). — La Rue des Coupe-Gueules. Ancien nom de la rue Nationale, changé sous la Révolution en celui de rue de la Fraternité. C'est à l'extrémité nord-est de la rue des Coupe-Gueules qu'en 1537 les habitants de Saint-Pol furent, au nombre de 4.500, massacrés par les soldats de Charles-Quint, à la suite de la prise de cette ville.

ĕl rŭ dĕ mŏ (Saint-Pol). — *La Rue des Monts.* Nom populaire de la rue d'Egmont.

ĕl rŭ dĕ mŏyŏw. — *ĕl krĕʒ à mŏyŏw.*

ĕl rŭ dĕ pŭ-vŏlŏ (Saint-Pol). — *La Rue des Poux-Volants.* Nom populaire de la rue de la Nouvelle-France. Elle n'était habitée autrefois que par une population pauvre et généralement fort sale.

ĕl rŭ mŏrdĕwŭr (Bergueneuse). — La Rue Mordichoire. Ravin.

ĕl rŭ d' la pŏlkŭ (Saint-Pol). — *La Rue de la Polka.* Nom populaire de la rue du Mont. Un individu connu sous le sobriquet de *la pŏlkŭ* a longtemps demeuré dans cette rue.

---

[1] Ravin.

ĕl rûjīvèr (Nédonchel). — La Rouginière.

ĕl sâblôyèr (Marquay). — La Sablonnière.

ĕl sâlpèt (Bours). — Le Salpêtre.

ĕl sĕs ĕd bôdrīkûr (Saint-Pol). — *La Cense*[1] *de Baudricourt.* Détruite depuis longtemps, cette ferme se trouvait près de la rue de Rosemont, à l'angle du chemin de la Longue-Haie. Dénomination qui n'est plus guère connue.

ĕl sôlèt (Averdoing; — Gouy-en-Ternois; — Grand-Rullecourt; — Herlincourt; — Lenzeux; — Ligny-sur-Canche; — Œuf-en-Ternois; — Roëllecourt). — La Solette.

ĕl tèt ĕd kèn (Etrée-Wamin). — La Tête de Chêne.

ĕl tèprīy (Saint-Michel). — La Templerie.

ĕl tît fôrè (Saint-Pol). — La Petite Forêt. Partie non défrichée de la forêt de Saint-Pol.

ĕl tûryèr (Maizières). — *La Tournière.*

ĕl vâlè à kûtyôw (Beauvois). — La Vallée à Couteaux.

ĕl vâlè bûtârd[1] (Bryas). — La Vallée Boutarde.

ĕl vâlè kôrnâl (Pernes-en-Artois). — La Vallée Cornaille.

ĕl vâlèyèt (Bergueneuse). — La Valléiette.

ĕl vâlèt (Gauchin-Verloing). — La Valente.

ĕs[2] *sèû* (Blangy-sur-Ternoise; — Ecoivres; — Nuncq; — Haute-Côte; — Séricourt). — Le Séu[3].

ĕs sèyû (Bailleul-les-Pernes). — Le Séïu.

ĕs sô d' âgâe (Pierremont). — Le Saut d'Agache.

ĕ ô d' sâr (Maizières). — Le Haut de Sars.

ĕtârdè bô (Ligny-Saint-Flochel; — Blangerval). — L'Entre deux Bois.

l' âbî (Croisettes). — *L'Abbaye.* — Voir *l' âbyèt.*

l' âbyèt (Croisettes). — *L'Abbayette. l' âbî* et *l' âbyèt* sont deux grandes fermes appartenant à l'hospice (autrefois *abbaye*) de Messines (Belgique).

l'âlè dè sûpîr (Saint-Michel). — L'Allée des Soupirs. Allée du Bois où, dit-on, aimait à se promener la fameuse comtesse de Hornes qui fut, au siècle dernier, séquestrée par son mari dans le château de Saint-Michel[4], et qui l'incendia un soir, afin de pouvoir s'en échapper et n'y plus revenir.

là môtèn — Voir *ĕs kûtyôw.*

l' ârmîz sèt-ûbèr (Flers). — La Remise Saint-Hubert.

là sèt-fâmîl (Saint-Michel). — *La Sainte Famille.* Il se trouve en cet

---

[1] *sès,* ferme. || [2] *ĕs,* pour *ĕs.* || [3] *sèû, sèyû,* sureau. || [4] Appelé aussi château de Saint-Martin.

endroit une petite niche fixée sur un poteau, et renfermant un groupe en porcelaine : la Sainte Famille. Voir, aux Sobriquets, *là sèi fàmîl.*

l' *àtàrjèt* (Calimont, commune de Saint-Pol). — *L'Attargelle.* D'une enseigne de cabaret : *A l'Attargelle.* Cet établissement est supprimé depuis une cinquantaine d'années.

l' *àyô*[1] *dèvà* (Ramecourt). — *L'Hayon Devaux.* Du nom du propriétaire.
l' *àyô làkàl* (Ramecourt). — *L'Hayon Lacaille.* Du nom du propriétaire.
l' *àjèrû* (Œuf-en-Ternois). — *L'Hagerue.*
l' *blèÿ fôtàn* (Pernes-en-Artois). — *La Fontaine Bleue.*
l' *èbzînwàr* (Bermicourt). — *La Besinoire.*
lè *kàtôr fùrnè* (Ramecourt). — *Les Quatorze Fournet.* Champ de quatorze *mesures* autrefois occupé par Fournet, fermier de Saint-Ladre.
l' *èpînèt* (Saint-Michel ; — Ligny-Saint-Flochel ; — Flers). — *L'Epinette.*
l' *èklô à ràp* (Camblain-l'Abbé). — *L'Enclos à Rapes*[2].
l' *èklô d' là bàÿèk* (Œuf-en-Ternois). — *L'Enclos de la Bazèque.*
l' *èklô dù vè* (Ramecourt). — *L'Enclos du Vent.* — Terrain exposé au nord et recevant le vent de bise de première main.
l' *èklô fèrkèl* (Roëllecourt). — *L'Enclos Ferquelle*[3].
l' *èklô kôlînèt* (Ramecourt). — *L'Enclos Colinette.*
l' *èklô lîkèt* (Saint-Pol). — *L'Enclos Liquette.* La majeure partie de cet enclos est recouverte par les terrassements de la gare de Saint-Pol ; c'était autrefois une dépendance de la *sès du Dieu des Camps.* Les *lîkèt, tàbàkyè*[4] bien connus à Saint-Pol, l'ont occupé pendant très longtemps.
l' *èklô rôjî* (Lisbourg). — *L'Enclos Rogin*[5].
l' *èkônè* (Flers). — *La Raie Connin.*
l' *kàvèw* (Averdoingt). — *La Cavée.*
l' *gègèt* (Ligny-Saint-Flochel). — *La Guinguette.*
l' *kàpèl* (Ligny-Saint-Flochel). — *La Chapelle.*
l' *plàt d' èw* (Averdoingt). — *Le Pas d'Eau.*
l' *pyèsèt èd tàrnô* (Ligny-Saint-Flochel). — *Le Sentier de Ternas.*
l' *tàlèt* (Averdoingt). — *La Taillette.* Bois.
ô-dzàr lè kàlvèr (Saint-Pol). — *Le Dessus du Calvaire.*
ôz[6] àlôèt (Ligny-Saint-Flochel ; — Valhuon). — *Les Alouettes.*
sz àmàrèt (Sains-les-Pernes). — *Les Amarettes.*

---

[1] *àyô,* bois de peu d'étendue, situé ordinairement en bordure ou le long d'un rideau, d'une côte. || [2] *èklô,* jardin ou plutôt terrain cultivé clos de haies. — *ràp,* navet. || [3] *fèrkèl,* fougère. || [4] Planteurs de tabac. || [5] Est-ce *rôjî,* raisin ? || [6] *sz,* pour *èz.*

sz ǎp ǎl bǎlǒ (Bours). — Le Ballion.

sz ǎpět (Tangry). — Les Appettes.

sz ǎrděn (Diéval). — Les Ardennes.

sz ǎrjílěr (Diéval). — Les Argillières. De la nature du terrain.

sz ǎvěrdiyǎ (Averdoingt; — Maizières). — Les Averdigneuls.

sz ǎvǐnět (Diéval). — Les Avenettes.

sz ǎvněl (Brouilly, commune de Rebreuviette). — Les Avenelles.

sz ǎyět (Guinecourt.) — Les Hayettes.

sz ǎzwǎ (Pernes). — Les Oseraies. — A Pressy : sz ǎzwě, Les Hazois.

sz ěfǎnlk (Boyaval). — Les Ephaniques.

sz ěgěrgět (Bours; — Fontaine-lez-Hermans). — Les Eguerguettes.

sz ěkǎrnǐ (Floringhem). — La Croix d'Ecarmies.

sz ělěpyěr (Floringhem). — Les Elespierres.

sz ěpǐrǒl (Fontaine-les-Boulans). — Les Epirolles. Les ěpǐrǒt [1] poussent en grande quantité dans ce canton.

sz ěrdǒděl (Floringhem). — Les Ardondelles.

sz ět (Œuf-en-Ternois). — Les Hêtres.

sz ěvěkǒ (Diéval). — Les Evêqués.

sz ěvǐs (Floringhem). — Les Ewices.

sz ěwǐ (Diéval). — Les Ewis. — A Bours : sz ěwǒ, Les Ewys.

sz ěglě (Averdoingt). — Les Anglets.

sz ěklǒ ǎ pǔe (Aumerval). — Les Enclos à Puches [2].

sz ǔrlǐ (Hestrus). — Les Hurlis.

věr bǎrlě (Ligny-Saint-Flochel). — Vers Barlet.

---

[1] Alopecurus agrestis. || [2] Est-ce pǔe, puce ?

ED. EDMONT.

II. PRÉNOMS

Les prénoms de femmes sont précédés d'un astérisque.

Remarquer que devant les étrangers ou les personnes de condition élevée, la forme française de la majeure partie de ces prénoms est employée, à Saint-Pol-ville surtout, préférablement à la forme patoise.

Les autres prénoms comme en français.

àetl. — Achille.

* àdlàîd'. — Adélaïde, concurremment avec la forme làîd'.

àdôf. -- Adolphe.

* àfîn. — Séraphine.

àlbèrt. Albert.

* àlègôd'. — Aldegonde, concurremment avec la forme familière gô-gôd'.

àlègzàd' ou àlèksàd'. — Alexandre.

* àlègzàdrîn. — Alexandrine, concurremment avec la forme familière drîn.

àlsîd'. — Alcide, concurremment avec la forme àrsîd'.

àmàp. — Amable.

àmédéy. — Amédée, concurremment avec la forme médéy.

àrèsîd'. — Aristide.

àrnès. — Ernest.

* àrnèstîn. — Ernestine.

àrsîd'. — Alcide, concurremmen avec la forme àlsîd'.

* àrtémîy. — Artémise.

* àstàzîy. — Anastasie, concurremment avec la forme tàzîy.

àdrîà (banlieue: àdîé). — Adrien, concurremment avec l'équivalent français.

* bàbàrp. -- Barbe, concurremment avec la forme bàrp.

* bàlàrdîn. — Bernardine, concurremment avec la forme bàrnàrdîn.

* bàrp. — Barbe, concurremment avec la forme familière bàbàrp.

bàtîs. — Baptiste, Jean-Baptiste, concurremment avec la forme familière tîs.

bàrnàr. — Bernard.

* bàrnàrdîn. — Bernardine, concurremment avec la forme bàlàrdîn.

bàrtî. — Bertin.

* bàrtîn. — Bertine, Albertine.

*bêbèl. — Isabelle (familier).

*bêbèrt. — Berthe, familièrement.

*bêbèt. — Elisabeth, concurremment avec la forme zabèt.

béjàmè. — Benjamin.

bélônl. — Bénoni.

*bênêdik. — Bénédicte.

bênwè (Saint-Pol-ville : bênwà, concurremment). — Benoît.

*bèrjìt ou bìrjìt. — Brigitte.

bèrnàbèy. — Barnabé.

bônàvêtûr. — Bonaventure.

càl. — Charles. La forme cèl n'est plus employée que dans ce nom composé : jà-cèl.

càrlèmàn. — Charlemagne. Dans la banlieue, on emploie surtout la forme càrlèmàn.

*cwàs. — Françoise, concurremment avec la forme fràswèt. — cwàs n'est plus guère employé à Saint-Pol-ville.

cwè. — François, concurremment avec la forme fràswè. — cwè n'est plus guère usité à Saint-Pol-ville.

dènt. — Denis.

*dènìt. — Denise.

*dèrôtèy. — Dorothée.

dôdòr. — Théodore.

*dôksìy. — Eudoxie.

*dômètìl'. — Domitille.

*dôzìtèy. — Dosithée.

drèy. — André, concurremment avec la forme àdrèy.

*drtn. — Alexandrine, concurremment avec la forme àlègzàdrtn.

èdzìrèy ou dzìrèy. — Désiré, Désirée.

ègzàvyè ou gzàvyè. — Xavier.

èlwèy. — Eloi.

èmàp. — Aimable, concurremment avec la forme familière màmàp.

èmèy. — Aimé, Aimée, concurremment avec la forme familière mèmèy.

*èrmtr. — Elmire.

*èstèfànìy. — Stéphanie, concurremment avec la forme fànìy.

*èlmèrìy. — Isménie.

èrì. — Henri (banlieue).

*èrîèt. — Henriette (banlieue).

*èrmà. — Irma.

*fànìy (banlieue : fànìy). — Stéphanie, concurremment avec la forme èstèfànìy.

fàrdìnà. — Ferdinand.

*fàrdìnàd'. — Ferdinande.

fèlts. — Félix, concurremment avec la forme fîlts.

*fèmìy. — Euphémie, concurremment avec la forme familière mèmìy.

*fèrmtn. — Firmine.

fdèrìk. — Frédéric.

*jîftn. — Joséphine. Voir zèftn.

*fîk. — Pacifique.

fîlàs. — Philéas.

fîlts. — Félix, concurremment avec la forme fèlts.

fîr. — Zéphir.

fîlp. — Philippe.

*fîlpìn. — Philippine, concurremment avec la forme familière pîpìn.

flôrà. — Florent.

*flôràs. — Florence.

flôràtè (banlieue : flôràtàs). — Florentin.

*flôràtìn. — Florentine.

*flôrìs. — Floris.

*fràzìy. — Euphrasie.

fräswät. — Françoise, concurremment avec la forme *swäs*.

fräswè. — François, concurremment avec la forme *swè*.

fröžrn. — Euphrosine.

gĭlä (faubourgs : *glŭĭ*; banlieue : *gĭldə*). — Guislain.

gĭlèrmĭn. — Guillelmine.

gȳŏm. — Guillaume.

glŏd'. — Claude.

glŏdä. — Clauda.

glŏdĭn. — Claudine.

gȫgŏd'. — Aldegonde, concurremment avec la forme *ăldēgŏd'*.

găghs. — Auguste, concurremment avec la forme *ŏghs*.

găstăv. — Gustave.

găstĭ (faubourgs : *găstŭĭ*, banlieue : *găstdə*). — Augustin, concurremment avec la forme familière *tĭtĭ*.

găstĭn. — Augustine, concurremment avec la forme familière *tĭtĭn*.

jăklèn. — Jacqueline.

jă-šèl. — Jean-Charles (vieilli).

jèf et *jèjèf*, concurremment. — Joseph, Josèphe.

jèn. — Jeanne. Vieillit; on emploie plutôt la forme *jăn*.

jăjĭl. — Jules (familier).

jălŏ. — Gillon (Ramecourt).

jăyèn. — Julienne.

jăyèt. — Juliette.

jăyŏ (banlieue : *jăyŏ*, *jălŏ*). — Julien.

jwăsĭ (banlieue : *jwăsdə*). — Joachim.

jwăsĭn. — Joachime.

kălĭs. — Calixte.

kărĭ. — Zacharie.

kătrĭn. — Catherine (forme vieillie : *trĭn*).

kătrĭnèt. — Catherinette, diminutif familier de *kătrĭn* (forme vieillie : *trĭnèt*).

kŏtĭ. — Quentin.

klărä. — Clara.

klărĭs. — Clarisse.

kŏlä. — Nicolas.

kŏlăstĭk. — Scolastique.

lătd'. — Adélaïde, concurremment avec la forme *ădlătd'*.

lălĭy. — Eulalie.

lăryŏ. — Hilarion. Peu usité.

lĕăd' (banlieue : *lĕyăd'*, *lĕyèd'*). — Léandre.

lĭdä. — Alida.

lĭk ou *lĭlĭk*. — Angélique.

lĭkèt. — Diminutif de *lĭk* (un peu vieilli).

lĭlĭn. — Fidéline.

lĭŏnĭy ou *lĕŏnĭy*. — Léonie.

lĭzä. — Elisa.

lĭzĕ. — Elisée.

lŏkădĭy. — Léocadie.

mădlèn. — Madeleine.

măgrĭt. — Marguerite.

mă-jŏzèf. — Marie-Josèphe.

mămăb. — Aimable, concurremment avec la forme *ĕmăb*.

mănă et *mănătt*. — Emmanuel.

mărĭy. — Marie (banlieue).

mărĭ-jèn. — Marie-Jeanne.

măryŏ. — Marie. N'est guère usité que dans cette exclamation : *jèzĭl! măryŏ!*

măndĭn. — Amandine.

mĕdĕy. — Amédée, concurremment avec la forme *ămĕdĕy*.

* *mélty.* — Emélie, Amélie.
mémèy. — Aimé (familier).
méô. — Siméon.
* *mérâs.* — Emerence.
* *mílty.* — Emélie, concurremment avec la forme *mélty.*
mímí. — Barthélemy.
mímír. — Casimir.
* *mímíy.* — Euphémie, concurremment avec la forme *fémíy.*
môdès. — Modeste.
mômô. — Florimond.
* *mílyèn.* — Emilienne.
mílyô. — Maximilien.
* *nènèt.* — Antoinette. Voir *tônèt.*
* *níníy.* — Eugénie, concurremment avec la forme *djènty.*
noè. — Noël.
* *nônôr.* — Eléonore.
* *nôrín.* — Honorine.
ôgôs. — Auguste, concurremment avec la forme familière *gôgôs.*
ôktâê. — Octave.
* *pípín.* — Philippine, concurremment avec la forme *fípín.*
plâsíd. — Placide.
pôlíkâ. — Polycarpe.
pôlít. — Hippolyte.
pôpôl. — Forme familière de Paul, Léopold, Agathopol.
pôrfíl. Porphyre, concurremment avec la forme *pôrfír.*
prîyè. — Cyprien.
* *pôrsèríy.* — Pulchérie.
* *rîèt.* — Henriette, concurremment avec les formes *ârîèt* et *erîèt.*
* *rôfín.* — Ruffine.
* *sèlès.* — Céleste.
sêríl. — Cyrille.
* *sfílíy.* — Placidie.

* *sílíâ.* — Coelia.
* *sísíl.* — Cécile.
* *sílíy.* — Félicité.
* *sôfônís.* — Sophonisbe.
* *sôfíy.* — Sophie.
* *tâlíy.* — Nathalie.
* *tâvíy.* — Octavie. Voir *vívíy.*
* *tâzíy.* — Anastasie, concurremment avec la forme *âstâzíy.*
* *tôrèz.* — Thérèse.
* *téôtín.* — Théotime.
tôtô. — Augustin, concurremment avec la forme *gâstô.*
* *tîtín.* — Augustine (familier).
tîts. — Baptiste, Jean-Baptiste, concurremment avec la forme *bâts.*
tîwân. — Antoine, concurremment avec la forme *twân.*
* *tôfílíy.* — Théophilie, concurremment avec la forme *tyôfílíy.*
* *tônèt.* — Antoinette, concurremment avec la forme familière *nènèt.*
trèsfôr. — Télesphore.
* *trín.* — Voir *kâtrín.*
* *trínèt.* — Voir *kâtrínèt.*
tôtôf. — Bertuphe.
twân. — Antoine, concurremment avec la forme *tîwân.*
tyôfíl. — Théophile.
* *tyôfílíy.* — Théophilie, concurremment avec la forme *tôfílíy.*
djèn. — Eugène.
* *djènty.* — Eugénie, concurremment avec la forme familière *níníy.*
âstâê. — Eustache.
vâlâtô. — Valentin (banlieue).
vârts. — Evariste (banlieue).
* *vívíy.* — Octavie (familier). Peu usité.
wârâ. — Wallerand.

* *yéyèt.* — Henriette (familier).
* *zàbèt.* — Elisabeth, concurremment avec la forme familière *bèbèt.*
* *zéfìn.* — Joséphine. Peu usité.

zídòr. — Isidore.
zífòr. — Onésiphore.
* *zíztn.* — Ambroisine.

III. NOMS DE FAMILLE

Les noms patronymiques, en général, ne diffèrent de leurs équivalents français que par la manière dont les Saint-Polois les prononcent, à l'exception toutefois d'un petit nombre dont voici la liste :

àrnàr. — Renard.
àrnù. — Hernu.
àryé. — Régniez.
àrdtè. — Harduin.
bàrnò. — Bernas.
bàrà ou *bàrò* (Banlieue : *bàrò).*
— Barras.
bàyœ ou *bàlœ.* — Bailleul.
bàrnàr. — Bernard.
bèrlögé. — Bellenguez.
bízdrèl ou *bydrèl.* — Béharelle.
bòkfyò ou *bòkflò.* — Bocquillon.
bôyt ou *bôï.* — Boilly.
brhœè ou *brfywè.* — Briois.
bròjèyèl. — Brocqvielle.
brùmègà. — Bruyninga.
bùrò ou *bàlò.* — Desbureaux.
bùllèjé. — Boulanger, Boulenger.
bùràp. — Bourable.
bùrguè. — Bourgois.
bùrjwè. — Bourgeois.
bùyé ou *bàlé.* — Bouilliez.

bwélò. — Boitel (Hernicourt).
bwèlèl. — Boitelle.
bydrèl ou *bízdrèl.* — Béharelle.
dàrsò. — Dhersin.
dégràflyé. — Desgroiselliers, Desgrugllers.
dèlbèy. — Delbé.
dèlkòet. — Delacauchy.
dèllwèy. — Deleloy.
d'ènìdàl. — D'Hinnisdal.
dòrlèkàr. — Dorlencourt.
dròkàr. — Derocourt.
dreë. — Dereux.
dùòpò. — Duhautpas.
dùpè. — Dupend.
dùsòswèy. — Dusaussoy.
dùrlè. — Dourlens.
ćtàlè¹. — Stalin.
ćbàyé ou *ćèdlé.* — Chevalier.
édbòf. — Deboffle.
édbrè. — Debret.
élbòmt. — Debomy.

---

¹ Tous les noms commençant par *ć, ćd, ćl, ćs,* ont, à l'exception de *ćstò,* une seconde forme en *e, d, l, s.* Ex. : *mò d'ćètàlè, s'è etàlè; àmò d'édlò, èl yàrdè dllò,* etc.

édbŵir. — Debuire.

édbŵis. — Debuisse.

édfàsk ou édfàs. — Defasque.

édkòrbèm (Faubourgs: édkòrbèn). — De Corbehem.

édkrŵé. — Decroix.

élldbî. — Delaby, concurremment avec la forme làbî.

édlàbrŵéy. — Delabroy, concurremment avec la forme làbrŵéy.

édlànwéy. — Delannoy.

édlàplàs. — Delaplace.

édlàt. — Delattre.

édlààs. — Dolahousse.

édlòl. — Delehelle.

édlò. — Delau.

édlòbèl ou édlòbèl. — Delobel.

édlòrî ou édlòrîl. — Delory.

édlòzyè. — Delozien.

édmò. — Demont, Edmont.

édŵf. — Detœuf.

édéllèr. — Devillers.

élbà. — Lebas.

élbèl. — Lebel.

élbò. — Lebon.

éldrà. — Ledru.

éldàk. — Leducq.

élfòò. — Lefebvre.

élfò. — Leflon.

élfòò. — Lefeuvre.

éljòn. — Lejosne (Œuf-en-Ternois).

éljòn. — Lejeune.

élkà. — Lecas.

élklèr. — Leclercq.

élkòt. — Lecomte.

élkyè. — Lequien, concurremment avec la forme éltyè.

éllòò. — Leleu.

élmèr. — Lemaire.

élmèt. — Lemaitre.

élmwàn. — Lemoine.

élprèt. — Leprêtre.

élsèn. — Lesenne.

élsèrf. — Lecherf.

élsyò ou élsyà. — Lecieux.

éltyè. — Voir élkyè.

éskàrpè. — Scarpin.

ésnéòl. — Sénéchal.

éstò. — Etton.

òyràmèr. — Engramelle.

égrà (banlieue : égkà). — Engrand.

fàrnàgà. — Fernagut.

flòrè. — Floret.

fòòéy ou fwèséy. — Foissey.

gàkèl ou gàkèr. — Gaquerre.

gìméné. — De Guéménée [1].

gùfrŵéy. — Guffroy.

gàb. — Gouble.

gàyàr ou gàllàr. — Gouillart.

ŵè. — Evain.

jòfrŵéy. — Geoffroy.

jàpst. — Judey.

kàbà. — Abus (Ramecourt).

kàrn ou jàkàrn. — Jacquart.

kàrpètyè. — Carpentier.

kàrrŵéy. — Cavrois.

kàdò. — Candas (Gouy-en-Ternois).

---

[1] La princesse de Rohan-Guéménée, héritière du maréchal de Rohan-Soubise, dernier comte de Saint-Pol. — On dit à Saint-Pol, d'une personne qui porte une toilette excessive : al é mî kòm èn gìméné, elle est mise comme une (princesse de) Guéménée.

kètè. — Quentin.

kfyò. — Quilliot.

kòtrœl. — Cointrœuil.

krñkĩzœ. — Croquison (Buneville).

kûvèyè. — Cuvelier, Cuvilier.

làbĩt. — Labitte, Delaby. — Voir èdlàbĩ.

làbrœèy. — Delabroy. — Voir èdlàbrœèy.

lèdèy. — Lédé.

lèj. — Laigle.

lèpèn ou lèptn. — Delépine.

lĩbèsàr. — Libessart, Delibessart.

lĩsò. — Hérissent.

lòryè. — Lorgniez.

lò:èl. — Loyselle.

lœn. — Lune.

lwèy. — Loy.

màlô. — Malou.

màyàr. — Maillart.

màyñ. — Mahieu.

màyè. — Lemagnier.

mènĩl ou mĩnĩl. — Méni.

mèbœf. — Membœuf.

mèrswè. — Meurtdesoif (Gauchin-Verloing).

mèrĩs. — Meurisse.

nòrmà. — Normand, Normain.

òrkœr ou òtkœr. — Hautecœur.

òò. — Hove.

pàpgèy ou pàtgèy. — Papegay.

pàrmètyè. — Parmentier.

pàsktr ou pàsktl. — Pasquirs.

pàstè. — Pastel.

pètĩ. — Petit.

pèmñl. — De Pinchemouche[1].

plè. — Pelet, Plé.

pòlō ou pòryō. — Poillion.

pñewè. — Puchois.

pñpèl. — Poubel (Troisvaux).

rèvèyō. — Revillon.

rèvĩyō. — Renvillon (Roëllecourt).

ròd'. — Roode.

ròdèjè. — Rodanger.

ròp. — Robbe.

rñlōs. — Rulenco.

swèsō. — Soissons.

tàyàr. — Taillar.

tàrnĩzyè. — Ternisien.

tàrnwè. — Ternois.

tĩfĩs. — Petitfils.

tĩlwèy. — Tilloy.

tĩrbñt. — Tréboute.

trĩzō. — Thérisod.

trœvòw. — Troisveaux[2].

tĩmèrèn. — Tumerel.

tĩyè ou tĩlè. — Thuillier.

vàkrĩ. — Delavacquerie.

vàlàe. — Vallage.

vàsœw. — Vasseur, Vasseux.

---

[1] sàprè deòkà pèmñl! C'est ainsi qu'on traite bien fréquemment les individus qui font le malin, l'deòkà. — Un M. de Pinchemouche était avocat à Saint-Pol, avant la Révolution. || [2] Détail à noter : les *Troisveaux* sont *bouchers* de père en fils depuis plus de deux cents ans.

IV. NOMS DE LIEUX [1]

Villes, villages et hameaux.

Il y a une soixantaine d'années, au dire des personnes âgées, les noms de lieux patois étaient d'un usage courant à Saint-Pol-ville; leur emploi y est actuellement fort restreint, et, autant que possible, on évite de s'en servir. Dans les faubourgs même, les dénominations françaises se substituent peu à peu aux appellations locales. C'est dans la banlieue [2] que j'ai recueilli le plus grand nombre de formes patoises.

A ces noms de localités, je joins, quand il y a lieu, les noms par lesquels en sont désignés les habitants. On n'en trouvera toutefois que très peu dans ce recueil, car ils ne sont guère usités. Lorsque l'on veut désigner les habitants de tel ou tel endroit, on se contente généralement de dire : *eǔ jé d.....*, *eǔ-lǒ d.....*, *eǔ d.....* Exemple : *eǔ jé d' bêǔn*, *eǔ-lǒ d'drǒ*, *eǔ d' prǒnťy*. J'y ajoute également les formulettes et les dictons relatifs à quelques-unes de ces localités, ou à leurs habitants.

Valeur des signes employés.

-+- = Noms de lieux usités à Saint-Pol, ville, faubourgs et banlieue.

✕ = Noms de lieux usités à Saint-Pol, ville et faubourgs.

Les noms qui ne sont suivis d'aucun signe sont uniquement employés à Saint-Pol-ville.

Nota. — L'article est compté dans la série alphabétique [3].

————

ǎbǎr, ✕, Habarcq. — Banlieue : *ǎbǎǐ*. — Les habitants de ce village sont surnommés *eǔ dǔr d'ǎbǎr*, ou bien *eǔ ǒ kǎpyǒw* [4], par allusion à leur foi peu ardente, dit-on. Habarcq fut d'ailleurs habité jadis par de nombreux protestants.

ǎťkǎr, -+-, Achicourt. — Le territoire de ce village n'est qu'un vaste jardin maraîcher, dont les produits servent à l'alimentation de la ville d'Arras. Achicourt est célèbre par ses *bauelets*, qui, porteurs de deux grands

———————

[1] Ne figurent pas dans cette liste les noms de lieux ayant une forme semblable en patois et en français. || [2] Par ce mot: *banlieue*, je désigne ici tous les villages avoisinant Saint-Pol. || [3] Il en sera de même pour les *Lieux-dits*. || [4] Les Durs d'Habarcq; les Hauts Chapeaux.

Achicourienne revenant du marché d'Arras.
(Reproduction d'un dessin de M. J. B***).

paniers renfermant les légumes qu'ils sont chargés de transporter au marché de cette ville, sont toujours conduits par les Achicouriennes, dont le costume traditionnel, d'une certaine coquetterie, quoique très simple, est tout à fait particulier à ce village. Un grand bonnet tuyauté, un tricot de laine noire sur lequel se croise un mouchoir et tombe une assez large

croix d'or, un court *kôtrô*[1] de futaine, et l'inséparable *akôreô*[2] de toile
grise jeté sur les épaules et flottant au vent, voilà *èll fèm*[3] d'Achicourt,
quand, assise sur son âne, elle s'en vient au marché d'Arras. — A Saint-
Pol et dans nos environs, les personnes un peu bouchées sont bien souvent
qualifiées de *baudets d'Achicourt*.

aeyé ou *aeyèl*, ✝, Achiet-le-Grand.

albèrt, ✝, Albert (Somme).

âlwân, ✝, Allouagne.

amônvll, Monneville. — Voir *mônvll*.

amyé, ✕, Amiens. — Banlieue : *àmyê*. — Habitants : *amyénwà*, *amyén-*
wé. — D'un individu qui s'agite beaucoup pour ne rien faire, on dit :

> *Il drsàn jà d'amyé :*
> *I s'tû ê i n' fê ryé*[4].

On prétend que ce dicton date du XVIᵉ ou du XVIIᵉ siècle. Les habitants
d'Arras en seraient les auteurs, et s'en sont servi, paraît-il, pour se moquer
des Picards et surtout des Amiénois, qui ne parvenaient pas à faire reculer
les troupes espagnoles. Ceux-ci, reprochant de leur côté aux Arrageois
d'avoir abandonné le service du roi, disaient de ces derniers[5] :

> *c'ê jà d'arô,*
> *kî kî ê kî-l lèe lô*[5].

Ce dernier dicton est parfois employé ici, avec la variante : *kî fé*, au lieu
de : *kî kî* ; le sens d'ailleurs reste le même. — Voir *drâs*.

amôr, ✕, Le Hameau, commune d'Izel-lez-Hameau. — Banlieue :
àmyêôr.

arbrêvyèt ou *rbrêvyèt*, ✝, Rebreuviette.

arbrêô ou *rbrêô*, ✝, Rebreuve-sur-Canche ; Rebreuve, près Houdain.

arâs ou *drô*, ✕, Arras. — Banlieue : *â/ô*. — Avant la Révolution, Arras
était surnommée : *èll vll a klôkê*[6], à cause du nombre et de l'importance
de ses monuments religieux.

> *dêdèl d'arô,*
> *tâ l' môd' s'è vô !*
> *dêdèl d'amyé,*
> *tô l' môd' arvyé*[7] !

---

[1] Jupon. ‖ [2] Tablier (dans les environs d'Arras : *êkôreô*). ‖ [3] La femme.
‖ [4] Il ressemble (à) Jean d'Amiens : — Il se tue et il ne fait rien. ‖ [5] C'est
Jean d'Arras, qui chic et qui le laisse là. ‖ [6] La ville aux clochers. ‖ [7] Chandelle d'Arras, — Tout le monde s'en va ! — Chandelle d'Amiens, — Tout
le monde revient ! — Allusion à la Sainte-Chandelle d'Arras. — Variante
(à Saint-Pol-ville) : *êdèl d'arâs, — tâ l' môd' s'â vô ! — êdèl d'amyé,*
tâ l' môd's rvyé !

Formulette employée pour amuser les jeunes enfants. En la récitant, on élève et on abaisse alternativement un bâton ou un objet quelconque de forme allongée, tenu verticalement à la main.

drnîkàr, +, Hernicourt.

drtwà ou *drtwé*, +, Artois, ancienne province formant la majeure partie du département du Pas-de-Calais. — Habitants : *drtèzye*, *drtêzye*, ✕. Banlieue : *drtêzyé*. — On dit souvent des habitants de l'Artois : *drtèzye*, *têt êd' tyê*, *bôyô ràjʹ*[1]. Je n'ai pu trouver l'origine de ce dicton.

dvèn, +, Avesnes-le-Comte. — Voir *êbîyf*.

dvèn-ènòw, +, Avesnes-sur-Helpe (Nord). — Cette ville faisait jadis partie du *Hainaut*.

dvèrdwô, ✕, Averdoingt. — Banlieue : *dvèrdwàt*. — *dvèrdwô*, *s' pàî à sôrsêlʹ*[2]. Allusion aux sorcières qu'Averdoingt possédait autrefois, lesquelles, dit-on, faisaient leur sabbat dans les bois qui entourent ce village.

âbrî, Embry. — A Torcy et environs : *êbrî*.

âbrìn, ✕, Ambrines. — Banlieue : *âbrên*. — A Maizières et environs : *êbrên*.

âglètèr ou *êglètèr*, ✕, Angleterre. — Banlieue : *êgêltèr*, *êglètèr*. — Habitants : *âglê*, *êglê* (banlieue : *êglî*).

ântô, ✕, Antin, commune de Valhuon. — Banlieue : *ântàt*.

âtîyôl ou *âtîyœ*, ✕, Antigneul, commune de Bours. — Banlieue : *âtîyô*, *âtîyœ*, *âtîyô*.

âvô, ✕, Anvin. — Banlieue : *âvô*, *êvô*.

bàpôm, +, Bapaume.

bâyœ ou *bâyœ-à-kôrnàl*, + (A Saint-Pol-ville, concurremment : *bâyœlʹ*), Bailleul-aux-Cornailles. — Les bois avoisinant ce village sont fréquentés par une quantité incroyable de *kôrnàlʹ*[3]. — Deux formulettes se rattachent au nom de Bailleul-aux-Cornailles; elles sont récitées par les enfants lorsqu'il commence à pleuvoir :

1.
> *plœ, plœ,*
> *tà k'î plœ !*
> *sê kôrnàl sòt à bâyœ,*
> *î ràpôrtrô œ kàrtrô d'dʹ[4] !* (Saint-Pol).

2.
> *plœ, plœ, plœ !*
> *sê kôrnàl sòt à bâyœ,*
> *sêz âjò ô vèr-tîlœ[5] !* (Ramecourt).

---

[1] Artésien, tête de chien, boyaux rouges. || [2] Le pays aux sorcières. || [3] Corbeaux. || [4] Pleut, pleut, — Tant qu'il pleut ! — Les *cornailles* sont à Bailleul, — Elles rapporteront un quarteron d'œufs! || [5] Pleut, pleut, pleut! — Les *cornailles* sont à Bailleul, — les oiseaux au Vert-Tilleul.

bèljĭk, +, Belgique. — Habitants : *bèljĭke*, *èn* (concurremment : *bèlj*).

bèlvàl ou *bèlvô*, ✕, Belval, commune de Troisvaux. — Banlieue : *bèlvô*.

bèrtôvàl, Berthonval, commune de Mont-Saint-Eloy. — Banlieue : *bèrtôvô*.

bètakûr, ✕, Béthencourt, commune de Tincques. — Banlieue : *bètèkûr*.

bètôvàl ou *bètôvô*, ✕, Béthonval, commune d'Hernicourt. — Banlieue : *bètôvô*.

bètûn ou *bètûen*, ✕, Béthune. — Banlieue : *bètûen*, *bètûn*. — Habitants : *bètûnwà*, *bètûnwè*.

bàrjuè fôrœ!

n'è fô tràt-sìs pàr èn èkàl d'œ![1]

C'est ainsi que les Béthunois sont fréquemment qualifiés par les campagnards des environs de cette ville. Voir *sè-pôl*, 3.

blàjèrvàl, Blangerval. — Faubourgs et banlieue : *blàjèrvô*.

blèdèk, +, Blandecques.

bôf, +, Bofiles.

bôfôr, ✕, Beaufort. — Banlieue : *byôfôr*.

bôô, Valhuon. — Voir *vàlôô*.

bôvwà, ✕, Beauvois. — Banlieue : *byôvwè*.

bôyàvô, Boyaval. — Voir *bwàyàvàl*.

bôyèr, +, Bonnières.

bôyèr,

bôn èr,

môvèz jà, bôn tèr[2]!

J'ignore ce qu'il peut y avoir de fondé dans ce dicton.

bûnvèl, Buneville. — Voir *bûnvèl*.

brîyà ou *brîyô*, ✕, Bryas. — Banlieue : *brîyô*.

brîtè, + (à Saint-Pol-ville, concurremment : *brîtèl*), Britel, commune de Bryas.

brôlí ou *brûlí*, +, Brouilly, commune de Rebreuviette.

brûèy, ✕, Bruay. — Banlieue : *brûôy*.

bûkwèy, +, Bucquoy.

1. *bûkwèy, e' pài dà k'ò bûk.*

2. *d bûkwèy, on d tàdì bûkè, è ò bûkrè tàdì[3].*

Ces deux dictons ne sont probablement que des jeux de mots, car les habitants de Bucquoy ne paraissent pas être d'humeur plus belliqueuse que ceux des autres localités de l'Artois. Cependant on assure qu'il y a deux

---

[1] Bourgeois foireux, — N'en faut trente-six pour (valoir) une écale d'œuf! || [2] Bonnières, — Bon air, — Mauvaises gens, bonnes terres ! || [3] Bucquoy, le pays où qu'on buque. — A Bucquoy, on a toujours buqué, et on buquera toujours.

siècles, comme ils étaient fort attachés à l'Espagne, ils ne manquaient jamais de *băkě*[1] très-vaillamment sur les Français, quand l'occasion s'en présentait.

bănvĭl, băˆnvĭl ou *bœnvĭl*, ✕, Buneville. — Banlieue : *bĕnvĭl*.

băkmězo, Boucquemaison (Somme). — Faubourgs et banlieue : *băkmăzo*.

bălŏn, +, Boulogne-sur-Mer. — Habitants : *bălŏně, bălnwě*.

bălŏně ou *bălnwě*, +, Boulonnais (province). — Habitants : *bălnĭzyě* (vieilli).

băr, +, Bours. — Les habitants de ce village sont parfois appelés par plaisanterie : *bărsĭkŏtyě*.

bărbăr, Bourbourg (Nord). — Par plaisanterie, on donne parfois le nom de *bărbărĭkwě* aux habitants de cette ville.

bărě, +, Bouret-sur-Canche. — Voir *mo*.

bŭdrĭkăr, +, Baudricourt.

bŭdydvăl ou *bŏydvăl*, Boyaval. — Faubourgs et banlieue : *bŏydvŏ*.

bydlăkăr, Béalencourt. — Faubourgs et banlieue : *bydlekăr*.

bydfŏr, Beaufort. — Voir *bŏfŏr*.

bydvwě, Beauvois. — Voir *bŏvwă*.

ed flăd', +, La Flandre. — Habitants : *flămă* ou *flăme*.

ed kŏro, +, Les Corons, communes de Marles, Auchel, Bully-Grenay. — *kŏro*, maisons ouvrières construites par les compagnies houillères et louées aux ouvriers mineurs.

edrkă, Cercamp. — Voir *sěrkă*.

ellăkăr, Siracourt. — Voir *sĭrdkăr*.

edryăn, +, Chérienne (à environ 7 kil. sud d'Hesdin).

elě ou *čelě*, +, Chelers.

děyě, +, Denier. — Voir *săr*.

dŏtěrvĭl, Ostreville. — Voir *ŏstrěvĭl*.

dŏtrě, Ostrel. — Voir *ŏstrěl*.

dălă ou *dărlă*, ✕, Doullens (Somme). — Banlieue : *dărlě*.

dwěy, +, Douai (Nord). — *ĭ pŏrt ed kŏm ědz ěvajĭl a dwěy*[2]. Se dit de celui qui porte soigneusement, délicatement ou respectueusement dans les mains un objet quelconque. L'origine de ce dicton m'est inconnue.

dyěvăl, Diéval. — Faubourgs et banlieue : *dyěvŏ*.

ě bărlě, +, Le Haut-Barlet ou Bailletet, cⁿᵉ de Bailleul-aux-Cornailles.

ě bŏ-păt ou *e' plŏ-păt*[3], +, Le Bas-Artois, pays très-peu élevé au-dessus du niveau de la mer, sans aucune colline et d'un aspect monotone.

---

[1] Frapper. || [2] Il porte cela comme des évangiles à Douai. || [3] Le bas pays, le plat pays.

ée biédrè, +, Le Boirin, autrefois Le Bois-Warin, commune d'Outreville.

ée pât d' l'llóèu, +, Le pays de Lallœu. — Ce petit pays comprenait avant la Révolution les quatre paroisses de Sailly-sur-la-Lys, Laventie, Fleurbaix et La Gorgue (cette dernière fait aujourd'hui partie du département du Nord). Ses habitants jouissaient, en vertu d'un Edit du roi donné à Marly en 1731, des privilèges attachés aux personnes nobles et aux ecclésiastiques, pour toute espèce d'impôts. Avant 1671, ils possédaient des privilèges beaucoup plus étendus et ne payaient aucune imposition. — On récolte dans le pays de Lallœu une quantité considérable de cerises, que l'on vient vendre jusqu'à Saint-Pol. Les marchands les échangeaient autrefois contre du vieux fer et des chiffons; pour faire connaître leur passage, ils criaient dans les rues: *lôlôèu! lôlôèu! pàr dû vyû fèr è dé blòk-è lôk![1]*

ée plô-pâi, Le Bas-Artois. — Voir *ée bô-pât*.

ée tt-góèè, +, Le Petit-Gauchin, commune de Gauchin-Verloing. — Voir *èl brûl*.

ée tt-sè-mîèèl, + (à Saint-Pol-ville, concurremment: *ée tt-sè-mîèèl*), Le Petit-Saint-Michel, commune de Saint-Michel.

èdè, +, Hesdin. — A Œuf-en-Ternois, Willeman, Lenzeux et environs: *èdè*. — Habitants: *èdînuû, èdînuè*. — Les Montreuillois disent des Hesdinois qu'ils *sô d'èdè... dô![2]* En revanche, dit-on, ceux-ci appellent Montreuil *ée pât d' sô[3]*. Il est à remarquer qu'une très grande rivalité existe entre les villes d'Hesdin et de Montreuil.

èkwâè, +, Ecoivres.

èl bâsèu, ×, La Bassée (Nord). — Banlieue: *èl bâsè*. — Voir *lâs*.

èl brûl, Le Brûle, commune de Gauchin-Verloing. — Ce hameau se nomme actuellement *e' tt-góèè*. Seul, le pont qui sépare le terroir de Gauchin-Verloing de celui de Saint-Pol, est encore appelé le pont du *Brûle*.

èl bûsyèr, +, La Buissière.

èl fârtéu, ×, La Ferté, commune de Pernes-en-Artois. — Banlieue: *èl fârtè*.

èl fôrè, +, La Forêt, commune de Saint-Pol. — Ce hameau n'existe que depuis une quarantaine d'années. La principale habitation, — une grande ferme, — y fut construite après le défrichement de *la forêt* de Saint-Pol.

èl fôlly, +, La Folie, commune de Croix.

èl gòrû, La Gorgue (Nord).

èl kâtôu, Le Cateau-Cambrésis (Nord).

---

[1] Lallœu! Lallœu! Pour du vieux fer et des blanches *loques!* ‖ [2] Sont d'Hesdin... donc! (des dindons). ‖ [3] Le pays des sots. — *sô* se prend généralement dans le sens de *fou*.

él kàdà, Le Candas (Somme). — Faubourgs et banlieue : *él kàdô*.

él kènèl, +, Le Quesnel, commune d'Averdoingt.

él kènwèy, + (à Saint-Pol-ville, concurremment : *él kènwâ*), Le Quesnoy.

él kôrwèy, + (à Saint-Pol-ville, concurremment : *él kôrwâ*), Le Cauroy, commune de Berlencourt.

él kôtèy, ✕, La Comté. — Banlieue : *él kôtà*.

él kàlwè, La Thieuloye. — Voir *él tyèlwèy*.

él môt, +, La Motte, commune de Bailleul-aux-Cornailles. — Habitants : *môtwè*. — Les Mottois furent autrefois surnommés *cé kàmàtô*[1], par allusion sans doute à une bande de malfaiteurs qui, à une certaine époque, habitaient le château de La Motte, et se désignaient ainsi entre eux.

él môjwèy, + (à Saint-Pol-ville, concurremment : *él môjwâ*), La Montjole, commune de Sibiville.

él pânwèy, + (à Saint-Pol-ville, concurremment : *él pânwâ*), La Pugnoy.

él swt, +, Le Souich.

él tèrnwàt ou *tàrnwàs*, ✕, La Ternoise, rivière.

él tèrnwè ou *tàrnwè*, ✕, Le Ternois (comté de Saint-Pol). — Habitants : *tàrnèzyè* (vieilli).

él tyèlwèy ou *l' tyèlwèy*, ✕ (à Saint-Pol-ville, concurremment : *él tyèlwâ*), La Thieuloye. — Banlieue : *él kàlwèy*. Cette forme est également employée par quelques habitants des faubourgs.

él vèr-tîyè, ✕, Le Vert-Tilleul, commune de Maisnil-lez-Saint-Pol. — Banlieue : *él vèr-tîyè*. — Voir, au mot *bàyè*, la formulette numéro 2.

élvèlt, Laventie. — Voir *làvèlt*.

énô, +, Hainaut, province.

épènè ou *épèsè*, +, Epenchain, commune de Roëllecourt.

éràvèn, +, Haravesnes.

èrbévàl, ✕, Herbeval, commune d'Eps. — Banlieue : *èrbévô*.

ès, +, Eps.

èspàn, +, Espagne.

ètàp, +, Etaples.

ètèr, +, Estaires (Nord).

ètbèvlt, Sibiville. — Voir *sîbèvlt*.

ebrèn, Ambrines. — Voir *àbrln*.

eglnghlt ou *glngàt*, +, Enguinegatte.

eglètèr, *egèlèr*, Angleterre. — Voir *àglètèr*.

etlyà, Antigneul. — Voir *àtlyèl*.

evè, Anvin. — Voir *àvè*.

---

[1] Camarade, en terme d'argot.

evô, Honval. — Voir *ovâl*.

fâe, Faches (Nord). — *vú vlà ekôr pårtí pår fâe*[1] disait un individu originaire de Lille à une personne qui se fâchait pour un motif futile. — Dicton fort usité dans l'arrondissement de Lille.

falâpê, Falempin, commune de Wavrans. — Faubourgs et banlieue : *fâlete*.

fèrfál, +. Ferfay.

fèreô, Frévent. — Voir *frêvô*.

fllékâ, +, Filescamp, commune de Lattre-Saint-Quentin. — La forme *frêkâ* a dû être employée autrefois; je trouve, en effet, *Firescamp*, dans une « Estimation des Biens ecclésiastiques situés sur les terroirs de Lattre, etc., » (1703).

flyeô, +, Fillièvres. — Banlieue, concurremment : *flyêê*.

flêrbê, Fleurbaix. — Voir *lêrtî*.

fôkebèrj, +, Fauquembergue.

fôrtèl ou *fôrtî*, ✕, Fortel. — Banlieue : *fôrtê*.

fotân-lê-bûlâ, +, Fontaine-les-Boulans.

frêdvâl, Froideval, commune de Tilly-Capelle. — Faubourgs et banlieue : *frêdeô*.

frêsê, +, Fressin. — A Torcy et environs : *fârsê*, *fârsân*.

frêvâ, ✕ (à Saint-Pol-ville, concurremment : *frêvâ*), Frévent. — Banlieue : *fèree*. — A Monts-en-Ternois : *fèreê*. — Habitants : *frêvêneô* (à Saint-Pol, — peu usité). — Voir au mot *sê-pôl* le dicton n° 2.

frûj, +, Fruges. — Habitants : *frûjeô*. — *frûj, èe pâl d lâe*[2]. — On fabrique dans les environs de Fruges une grande quantité de robinets et de cuillers de bois *(lâe)*. Les individus qui venaient les vendre à Saint-Pol, criaient jadis dans les rues :

> *dè lâe, dè rôbînê!*
> *dê kâewâr à blâtyê!*
> *êdz ôt êd pèeôyê*[3]*!*

Je n'ai pu savoir s'ils vendaient aussi ces deux derniers objets; cette annonce paraît être un cri traditionnel. Actuellement, les marchands de *lâe* qui viennent s'étaler sur les marchés de Saint-Pol, se bornent à crier : *dè lâe! dè bèl-ê lâe! dê câprêl!*[4] *dê rôbînê!* — Les cuillers de bois sont aussi nommées, par plaisanterie, des *sèrvis êd frûj*[5].

---

[1] Vous voilà encore partie pour Faches, c'est-à-dire vous vous fâchez à propos de rien. || [2] Le pays à *louches*. || [3] Des *louches*, des robinets! — Des fouets à blatier! — Des hottes de poissonniers! || [4] Cannelle. || [5] Services de Fruges.

fyé, +, Fiefs.

gărnŏvăl ou *gărnŏvăl*, Guernonval, commune d'Hestrus. — Faubourgs et banlieue : *gărnŏvŏ*, *gărnŏvŏ*.

ăngăt ou *ĕgăngăt*, +, Enguinegatte.

ğŭkăr, Guinecourt. — Faubourgs et banlieue : *ğwĕnkăr*, *ğwĕkăr*.

gŏčě, +, Gauchin-Verloing. — *ŏ vwě byĕ k' t'ĕ d' gŏčě !* dit-on à un imbécile, à un maladroit, à un individu un peu *gauche*.

gŏčě-găl, +, Gauchin-le-Gal.

gră-rŭkăr, +, Grand-Rullecourt. — On dit de celui qui est souvent à court d'argent :

> *Il ĕ tŭdĭ ă kăr,*
> *kŏm mŏsyŭ d' gră-rŭkăr[1].*

gĕrnă, Grena, commune de Pommera. — J'entendis un jour un individu d'Etrée-Wamin employer la forme *gĕrnă;* peut-être est-elle généralement usitée dans le canton d'Avesnes-le-Comte. — Voir *ŏt-măgrĭt*.

gŭt-tĕrnă, Gouy-en-Ternois. — Faubourgs et banlieue : *gŭt-tărnŏ*.

ğwĕnkăr, Guinecourt. — Voir *ğŭkăr*.

ğăblă, ✕, Camblain-l'Abbé, Camblain-Châtelain. — Banlieue : *ğăblăs*.

ğăblĭyĕl, Cambligneul. — Faubourgs : *ğăblĭyŏ*.

ĭzĕl, ✕, Izel-les-Hameau. — Banlieue : *ĭzĕ*.

kălĕ, Calais. — Habitants : *kălĕ:yĕ*.

kănăp, +, Canaples.

kăpădŭ, ✕, Capendu, commune de Monchy-Cayeux. — Banlieue : *kăpĕdŭ*.

kătĕrvŏw ou *kătĕrvŏw*, ✕, Quatrevaux, commune de Wail.

kăbrĕy, ✕, Cambrai (Nord). — Habitants : *kăbĕrlŏ*, *kĕbĕrlŏ*. — On dit de celui qui a le cerveau quelque peu dérangé : *il ŏ ĕ' kŏ d' mărtyŏ, il ărvyĕ d' kăbrĕy[3].* Les Cambrésiens passent, à tort ou à raison, pour être un peu toqués.

kăpăn, +, Campagne-les-Hesdin.

kătrĕn, Canteraine, commune de Saint-Pol. — Faubourgs et banlieue : *kătrăn*. — Voir la formulette au sobriquet *tkĕn frăs*.

krĕkĭ, ✕, Créquy. — A Torcy et environs : *kŏrkĭ*.

---

[1] On voit bien que tu es de Gauchin. ‖ [2] Il est toujours à court, — Comme monsieur de Grand-Rullecourt. ‖ [3] Il a le coup de marteau (c'est-à-dire le cerveau fêlé), il revient de Cambrai.

> 1. krêkf, e' pât d lûe.
> 2. krêkf, e' pât d ramô[1].

Ce village est entouré de grands bois: on y fabrique des lûe, comme à Fruges et, en outre, de grandes quantités de ramô d' bûlê[2].

krêpf, ✕, Crépy. — Faubourgs et banlieue : kèrpf.

krôjêt ✕ (à Saint-Pol-ville, concurremment : krœdzêt), Croisettes. — Banlieue : khôjêt.

kruê, ✕ (à Saint-Pol-ville, concurremment : kruêd), Croix. — Banlieue : khuê.

kûlmô, +, Coullemont.

l'abî-d' nœvll, +, L'Abbaye-de-Neuville, commune de Bryas.

labruêy, Labroye.

lât, +, Lattre-Saint-Quentin.

lœâtt ou lœâtt, ✕, Laventie. — Banlieue : êlvêtt, lvêtt. — Laventie était la capitale du petit pays de Lallœu; un ancien dicton, à peu près perdu, le donnait à entendre : fô dô saly pâr œ flœrbây, ê dô flœrbây pâr œ lvêtt[3]. — Voir ds pât d' lâlvîœ.

lâdrœst ou lâdèrst, Landrecies (Nord).

lôs, Lens. — Faubourgs et banlieue : lôs. — vâ-t-œ tyê à lôs, t'œrvœrô pâ l' bâsôy[4] dit-on à ceux que l'on veut envoyer promener.

lêzdiœ, +, Lenzeux. — lêzdiœ, e' pât d sôrciêt[5]. Allusion aux sorcières qu'il y avait dans ce village. Leurs descendants y habitent encore un quartier spécial dit : l'kâlândœ. Ces sôrciêt faisaient leur sabbat dans e' kâ d' l'ô-pên. Voir ce nom aux Lieux-dits.

lîbârj, +, Lisbourg.

lîl, +, Lille. — Habitants : lîluê (à Saint-Pol, concurremment : lîluêd).

lînurêl ou rênurêl, ✕, Lignereuil. — Banlieue : rînurêl, rênurêl. — A Manin, Givenchy-le-Noble et environs : rfyurêl, rêdrêl, rôdrêl (entre rêdrêl et rôdrêl).

lûsœiœ, +, Lucheux (Somme). — Voir au mot sô-pôl le dicton n° 2.

lvêtt, lvêtt, Laventie. — Voir lœâtt.

l'yôtt, +, Eleu, dit L'Eauwette.

majiœ, ✕ (à Saint-Pol-ville, concurremment : mêzyôs), Maizières. — Banlieue : mâjôl.

---

[1] Le pays à louches, — le pays à balais. ‖ [2] Balais de bouleau. ‖ [3] Faut deux Sailly pour un Fleurbaix, et deux Fleurbaix pour un Laventie. ‖ [4] Va-t-en chier à Lens, tu reviendras par La Bassée. ‖ [5] Le pays aux sorcières.

mâjèr,
bèt è fyèr [1].

On prétend que ce dicton, appliqué à la population de ce village, avait jadis une certaine raison d'être.

mănð, ✕, Manin. — Banlieue : *manăs*.

m'ɤíkăr, +, Magnicourt-sur-Canche, Magnicourt-en-Comté. — Voir *săr*.

mârdèsø, +, Merdanchon.

mărkðy, ✕, Marquay. — Banlieue : *mărkðs*, *mărkðy*. — Les habitants de Marquay sont appelés *mărkízyø* par ceux des villages voisins.

mărk-è-brè, +, Marcq-en-Bareuil (Nord).

mărkŏn, +, Marconne.

mărkŏnèl, +, Marconnelle. — On dit de deux plaideurs condamnés à payer chacun la moitié des frais du procès : *o lɛ ð recðyé dð a dŏ, kŏm cé sð d' mărkŏnèl* [2]. Je n'ai pu parvenir à connaître l'origine de ce dicton. — *lŏ kŏm mărkŏnèl*. Les maisons de ce village sont presque toutes bâties le long de la route nationale n° 39, laquelle traverse Marconnelle de l'est à l'ouest, sur une longueur de plus de deux kilomètres.

mărl, Marles. — Faubourgs et banlieue : *mâl*.

mărŏl, +, Maroilles (Nord).

mărœl ou *mărœ*, ✕, Mareuil. — Banlieue : *mărŏ*.

mézœsèl ou *mézœèl*, ✕, Maisoncelles. — Banlieue : *mězœèl*.

mézyèr, Maizières. — Voir *mâjèr*.

mènl, ✕, Maisnil-lez-Saint-Pol. — Faubourgs et banlieue : *ŭmínl*.

mègðvàl, Mingoval. — Faubourgs et banlieue : *mègðcð*.

mŏrtân, +, Mortagne, commune de Rebreuve-sur-Canche.

mŏ, +, Monts-en-Ternois.

1.

mŏ,
bŏrè è ŏrtŏ,
o ŏlè bàyé pàr dèyé a dyñ,
è ŏ-n n'ð pɷ kŏr cèlŭ [3] !

Allusion au peu (?) de valeur de ces trois villages et à la pauvreté de leurs habitants, du moins à une certaine époque. Une tradition prétend que ce dicton prit naissance dans un temps, assez reculé du reste, où deux puissants seigneurs avaient conclu un traité de paix. On avait oublié de

---

[1] Maizières. — Bête et fier. ‖ [2] On les a renvoyés dos à dos, comme les saints de Marconnelle. ‖ [3] Monts. — Bouret et Ourton. — Ont été donnés pour denier à Dieu. — Et on n'en a pas encore voulu !

fixer le sort de Monts, de Bouret et d'Ourton, et les deux parties avaient
l'air de dédaigner ces trois villages, dont ils se renvoyaient de l'un à l'autre
la possession. Le moins favorisé finit par les accepter, dit-on, à titre de denier à Dieu.

2.   *Il arsån de kûrè d' mo :*
                      I kat è pî sî répô[1].

Ou bien :

                      I fè kôm de kûrè d' mo :
                      I kat è sî répô[2].

Un dicton semblable vise le curé de Pierremont.

mòet-brètò, Monchy-Breton. — Faubourgs et banlieue : *moet-bårtò*.
moet-kâyèè ou *moet-kâyôw*,+, Monchy-Cayeux. — *moet, e' pât d eôreèl[3]*.
Il y avait autrefois, paraît-il, des *eôreèl* dans ce village.
mònevll ou *dmònevll*, -|-, Monneville, commune de Bours.
mo-set-èlwèy, Mont-Saint-Éloy. — Faubourgs et banlieue : *mo-sèt-lwèy*.
mòtrèl, ✕, Montreuil-sur-Mer. — Banlieue : *mòtrè*, *mòthè*. — Voir *èdò*.
nèdòeè, -|- (à Saint-Pol-ville, concurremment : *nèdòeèll*, Nédonchel.
nèlèlt, -|-, Neulette.

                      ô n'ewè n' jè n'bèt
                      sòrtìr eråjè d' nèlèlt[4].

Une chapelle dédiée à saint Hubert existait autrefois à Neulette, et les habitants de ce village avaient le privilège de ne pouvoir être atteints de la
rage. Ce dicton n'est plus en usage.

nèèw, -|-, Nœux.
nòèk, ✕, Nuncq. — Banlieue : *nòèk*, *nè*.
òbìyf, -|-, Aubigny-en-Artois. — Les habitants d'Aubigny aiment la toi-
lette; ceux d'Avesnes-le-Comte lui préfèrent la bonne chère, si l'on en croit
ce dicton, qui n'est plus guère connu :

                      òbìnf, bèl måe;
                      avèn, bèl påe[5].

òet-lè-mwån +, Auchy-lez-Hesdin. — Avant la Révolution, ce village
possédait une abbaye de bénédictins.

____

[1] Il ressemble (au) curé de Monts : — Il chante et puis aussi (il) répond.
‖ [2] Il fait comme le curé de Monts : — Il chante et aussi (il) répond. ‖ [3] Le
pays aux sorcières. ‖ [4] On ne voit ni gens ni bête — Sortir enragés de Neulette. ‖ [5] Aubigny, belle manche; — Avesnes, belle panse.

ŏkmĭʃ, +, Haut-Maisnil.

ŏksi, Auxi-le-Château. — Voir ŏsĭ-ɛdtŏw.

ŏlŏ, ✕, Olhain, commune de Fresnicourt. — Banlieue : ŏlɑʒ.

ŏmɛ̆rvâl, Aumerval. — Faubourgs et banlieue : ŏmɛ̆rvŏ.

ŏmĕyâr ou ŏmĕʃâr, +, Le Meillard (Somme).

ŏ-pŏ ou l'ŏ-pŏ, +, Le Haut-Pont, faubourg de Saint-Omer. — Habitants : ŏpŏnwĕ. — Les Hautponnais ont religieusement conservé l'ancien idiome et les usages du pays flamand. — Voir ɛɖz ŏpŏnwĕ (aux Sobriquets).

ŏrklŏk, Hauteclocque. — Voir ŏtklŏk.

ŏrlɑkâr, Orlencourt, commune de Monchy-Breton. — Banlieue : ŏrlĕkâr.

ŏsĭ-ɛdtŏw, +, Auxi-le-Château. — On dit également ŏksĭ, mais dans ce cas, ce nom n'est pas suivi du qualificatif ɛdtŏw. — Voir au mot sŏ-pŏl le dicton n° 2.

ŏstrĕl, Ostrel. — Faubourgs et banlieue : dŏtrĕ. — On nomme ainsi la partie sud-est du village d'Ostreville.

ŏstrĕvĭl, Ostreville. — Faubourgs et banlieue : dŏtĕrvĭl.

ŏtekŏt, -|-, Hautecôte.

ŏtklŏk, -|-, Hauteclocque. — Un grand nombre de personnes emploient la forme ŏrklŏk.

ŏvâl, Houval, commune de Rebreuve-sur-Canche. — Banlieue : ŏvŏ, ĕvŏ.

ŏf ou ŏ, ✕, Œuf-en-Ternois. — Banlieue : ŏ.

ŏklĭĕ ou ŏklĭĕ, +, Huclicrs.

ŏmĭrĕl, Humereuil. — Voir ŏmɑrĕl.

ŏmyĕr, Humières. — Voir ŏmyĕr.

pɑrĭ, ✕, Paris. — Banlieue : pɑ̂ĭ. — Habitants : pɑrĭzyŏ (Banlieue : pɑ̂ĭzyŏ). — Les enfants assistés de la Seine, élevés dans notre province, sont aussi désignés sous le nom de pɑrĭzyŏ.

pĕrn, -|-, Pernes-en-Artois. — Avant la Révolution, chacune des villes de l'Artois était représentée, aux États de cette province, par plusieurs députés, à l'exception de celle de Pernes, qui n'en envoyait qu'un. Un jour, par erreur, à l'ouverture des États, le secrétaire de cette assemblée appela : « Les députés de Pernes! » Et, selon la tradition répandue dans le pays, l'élu de cette ville répondit : ʃ n' sŏm k'â k'œl D'où ce dicton : ʃ n' sŏm k'â k'œ, kŏm ɛʃ dĕpĭtĕ d' pĕrn[1]. — Voir au mot sŏ-pŏl le dicton n° 2.

La foire de mai, à Pernes, est appelée : ɛl fĕt â bĕl-ĕ fĭl ĕ pĭ â lĕd-ĕ vɑ̂k[2]. A cette époque de l'année, les ouvrières des champs n'ont pas encore le teint blʒf[3] par les ardeurs du soleil, et les vaches sont généralement emman-

---

[1] Nous ne sommes qu'à qu'un, comme les députés de Pernes. || [2] La fête (foire) à belles filles et puis à laides vaches. || [3] Hâlé.

quées, par suite de la nourriture peu convenable qu'elles reçoivent en hiver. Par le motif contraire, la foire d'octobre est dite : *èl fèt à bȃlȇ vȃk ȇ pȋ à lȇd-ȇ fȋl.* — Les foires de mars et de novembre, à Saint-Pol, sont parfois qualifiées de la même manière.

plȇmȏjo, Plumoison (aux environs de ce village).

pomrȃ, Pommera. — Voir *sȇt-mȃgrȋt.*

prȇsȋ, ✕, Pressy. — Banlieue : *pȇrsȋ, pȇrsȋ.*

prȏnȇy, ✕, Pronay, cᵐᵉ de Ramecourt. — Banlieue : *prȏnȃ, prȏnȃy.*

1.   *à prȏnȇy, sȃr ȇn sȏw.*

Avant la construction de la route qui traverse ce hameau, il n'y avait pour chemin que le lit souvent à sec du ruisseau qui l'arrose. Or, quand il coulait, on était obligé, pour aller à pied à Pronay, de *mȏtȇ à rȇdyȏw¹*, c'est-à-dire de marcher comme on pouvait sur la déclivité de l'un ou l'autre des talus de ce chemin, qui était fort encaissé. Ces talus étaient plantés de *sȃlȇj²*, auxquelles on se tenait pour avancer plus sûrement. D'où ce dicton, par lequel on répond ironiquement à celui qui manifeste l'intention de faire une promenade fatigante ou malaisée : *dwȋ, t'īrȏ..., à prȏnȇy, sȃr ȇn sȏw³.*

2.   *sȇ sȏchȋ dȇl prȏnȇy .*

Allusion à l'humeur un peu farouche des Pronaisiens d'autrefois.

3.   *ȋl ȇ d' prȏnȇy. — ȋl drȇyȇ d' prȏnȇy⁵.*

Se dit de ceux qui sont intimidés ou déconcertés par les questions qu'on leur pose, ou dont les idées sont embrouillées, confuses et surtout un peu niaises. — Ces deux dictons font allusion à la réputation de lourdeur et de sauvagerie dont jouissent les habitants de Pronay. On voit que, chez nous, ce hameau est mis au même rang que Pontoise et Tourcoing.

pyȇrmȏ, ┼, Pierremont.

ȋl drȇsn de kȃrȇ d' pyȇrmȏ :
ȋ kȃt ȇ pȋ ȋ rȇpȏ⁶.

Voir *mȏ*, 2. — Les curés de ces deux villages n'avaient peut-être pas de chantre; ou bien la rime seule a-t-elle inspiré ces deux dictons?

Les Pierremontois avaient jadis la réputation d'être des *bȃtȋyȃr⁷.*

rȃmkȃr, ┼, Ramecourt.

1.   *rȃmkȃr, ȋe trȏ à rȃn⁸.*

---

¹ Monter aux rideaux. ‖ ² Têtard de saule. ‖ ³ Oui, tu iras..., à Pronay, sur un saule (*sȏw* est ici employé dans l'acception de têtard ou *sȃlȇj*). ‖ ⁴ Les sauvages de Pronay. ‖ ⁵ Il est de Pronay. — Il revient de Pronay. ‖ ⁶ Il ressemble le curé de Pierremont : — Il chante et puis aussi il répond. ‖ ⁷ Batailleurs, querelleurs. ‖ ⁸ Le trou aux grenouilles.

Allusion à la grande quantité de grenouilles qui s'y montraient après les pluies.

2. *cè sàrpe d' ràmkàr*[1].

Les Herlinois appelaient ainsi autrefois les habitants de Ramecourt, qui étaient, paraît-il, plus méchants qu'eux. Ce dicton n'est plus usité.

ràsàr, Ransart. — *Il è kàtòr: òr, c'è l' mîdî d' ràsàr*[2]. On ignore l'origine de ce dicton.

rèbòvàl, Rimboval. — A Torcy et environs : *rèbòvò*.

rèdrèl, *rènrèl*, Lignereuil. — Voir *llnrèl*.

rîkàmé, ✝, Foufflin-Ricametz. — Le nom de Foufflin n'est jamais employé.

ròkàr-à-l'yàw, ✝, Rocourt-en-l'Eau, commune de Magnicourt-en-Comté.

ròkàr-sè-lòrè, ✝ (à Saint-Pol-ville, concurremment : *ròkàr-sè-làrà*), Rocourt-Saint-Laurent, commune de Roëllecourt. — Est aussi appelé *ròkàr-ò-bò*, Rocourt-au-Bois.

ròlàkàr, Rollencourt. — Faubourgs et banlieue : *ròlèkàr*.

ròpò, ✝ (à Saint-Pol-ville, concurremment : *ròlpò*), Rollepôt.

ròzmò, ✝, Rosemont, commune de Saint-Pol.

ràbèy, ✝, Roubaix (Nord).

ràjfàt, ✝, Rougefay.

rwedyò, Royon. — A Torcy et environs : *ròyò*.

rwèlkàr ou *rwèàlkàr*, ✝, Roëllecourt.

sàmè, ✝, Samer.

sàr, ✝, Sars-le-Bois.

sàr-lè-bwà, *sàr-lè-bèt*.

Si l'on en croit les populations voisines, ce dicton a une certaine raison d'être. — Variante communiquée par une personne originaire de Magnicourt-sur-Canche :

sàr lè bèt, màyfkàr lè: èbèàll, dèyè sà kldkè.

sàyl, Sailly-sur-la-Lys.

sèrkà, ✕, Cercamp, cⁿᵉ de Frévent. — Faubourgs et banlieue : *sèrkà*.

sò, ✕, Sains-lez-Pernes; Sains-lez-Hauteclocque, commune d'Hauteclocque. — Banlieue : *sò*.

sò, c' pàî d' sò[3].

Dicton appliqué parfois au village de Sains-lez-Pernes. J'ignore s'il a sa raison d'être.

---

[1] Les serpents de Ramecourt. ‖ [2] Il est quatorze heures, c'est le midi de Ransart. ‖ [3] Le pays des sots (*sò*, dans le sens de fou).

sĕ-kẃtẽ, Saint-Quentin (Aisne).

sĕ-làd', +, Saint-Ladre, commune de Ramecourt. — La ferme de Saint-Ladre, appartenant à l'hospice de Saint-Pol, est bâtie sur l'emplacement d'une ancienne *maladrerie*.

sĕ-lŏrɑ̃, ✕, Saint-Laurent-Blangy. — Banlieue : *sĕ-lŏrɛ̃*.

sĕ-mɑ̀rtɛ̃, ✕, Saint-Martin-Glise (ou Eglise), commune d'Hernicourt. — Banlieue : *sĕ-mɑ̀rtɛ̃*. — La partie du village de Saint-Michel avoisinant le château, est aussi appelée Saint-Martin.

sĕ-miɛ̃ĕl ou *sĕ-miɛ̃ĕ*, ✕, Saint-Michel. — Banlieue : *sĕ-miɛ̃ĕ*. — Habitants : *sĕ-miɛ̃lɛ̃*, appellation peu usitée toutefois.

sĕ-pŏl ou *sĕ-pŏ*, ✕, Saint-Pol-sur-Ternoise. — Banlieue : *sĕ-pŏ*. — Habitants : *sĕ-pŏlɛ̃rɑ̃*, *sĕ-pŏlɛ̃rɛ̃* (Banlieue : *sĕ-pŏlɛ̃'*.

1. *ĕ̃ trŏ d' sĕ-pŏ*[1].

Allusion à la situation de cette ville dans une vallée profonde, sur le bord de la Ternoise. Beaucoup de localités sont d'ailleurs dans le même cas. — On dit aussi que Saint-Pol est *l' pŏ d' cɑ̃p* du Pas-de-Calais, sans doute parce que les eaux de toutes les collines voisines y descendent.

2. *sĕ-pŏ, pɛ̀rn ĕ lŭɛ̃hɛ̃,*
    cĕ trɛ̃ĕ fŏs à vŏlɛ̃hɛ̃[2].

On ajoute parfois :

    ŏksĭ,
    ŏsĭ,
    ĕ frŭĕvɑ̃,
    tŏt ŏtɑ̃[3]

Ce sont très-probablement les droits nombreux qu'on percevait autrefois à l'entrée de Saint-Pol, de Pernes et de Lucheux, qui ont donné naissance à ce dicton.

3. *cĕ fŏrŏ d' sĕ-pŏ*[4].

Les campagnards désignent ainsi les habitants de Saint-Pol, comme aussi d'ailleurs, ceux de n'importe quelle ville, *cĕ fŏrŏ d'àrɑ̃*[5]. — Voir au mot *bĕtɑ̀n*). Est-ce une accusation de poltronnerie? — Par contre, les Saint-Polois appellent les campagnards :

    pɑ̃ĭzɑ̃ d' blɑ̃ bɛ̀r,
    ki mɛj dũ brɛ̃ pɑ̀r dŏl kŏfĭtɑ̀rɛ̃![6]

---

[1] Ce (le) trou de Saint-Pol. ‖ [2] Saint-Pol, Pernes et Lucheux, — C'est trois fosses à voleurs (Variante : *trŭĕ trŏ*, — trois trous). ‖ [3] Auxi — Aussi, — Et Frévent — Tout autant. ‖ [4] Les foireux de Saint-Pol. ‖ [5] Les foireux d'Arras. ‖ [6] Paysan de blanc beurre, — Qui mange du *bren* pour de la confiture!

sĕ-rîkĕ̀, +, Saint-Riquier (Somme).

sĕt-madgrèt ou plus rarement *pŏmrǎ*, +, Pommera, nommé également Pommera-Sainte-Marguerite — « Une ferme de Pommera avait pris le nom de Sainte Marguerite, parce qu'une statue de cette sainte y avait été placée, soit dans une niche, ou contre un arbre, ou dans une petite chapelle. La pieuse vénération qui y était attachée dans le pays, et la confiance qu'elle inspirait aux femmes enceintes qui allaient ou envoyaient prier aux pieds de cette image, y déterminèrent l'érection d'une plus vaste chapelle. Celle-ci devint un lieu de pèlerinage, et *Pommera* prit le nom de sa patronne au point qu'il ne fut plus connu que sous la dénomination de *Sainte-Marguerite* » [*Dictionnaire historique du Pas-de-Calais*[1].

à pŏmrǎ lǐ̀ frǎi, à grǒnǎ lǐ̀ grǒ.

Allusion aux produits principaux de ces deux localités.

sĕt-ŏmèr, ✕, Saint-Omer. — Banlieue : *sĕt-ŏmĕ*. — Habitants : *sĕt-ŏmĕrǐ/ĕ* (appellation peu usitée).

sĕ-vǎlrí, Saint-Valéry (Somme).

sibĕvìl, ✕, Sibiville. — Banlieue : *sibĕvìl, ĕ̀sbĕvìl, ĕ̀bĕvìl*.

sibĕvìl, ĕ̀e trǒ à kàyŏm[1].

Allusion à la grande quantité de *kàyŏ kŏrnà*[2] qu'on y trouve. Sibiville est situé au fond d'une vallée sèche, profonde et très étroite.

sirǎkàr, Siracourt. — Faubourgs et banlieue : *sĕrǎkàr, sĕlǎkàr*.

sŏbrǎi (?), Salperwick, près Saint-Omer.

sŏbrǒ, +, Sombrin.

sŏbrǒ, ĕ' pǎi à cŏrcèl[3].

Il y avait autrefois, dit-on, des *cŏrcèl* dans ce village.

sǎ-sĕ-ljĕ, +, Sus-Saint-Léger.

tǎlmàr, ✕, Talmas (Somme).

tĕrnǒ, Ternas. — Faubourgs et banlieue : *tǎrnǒ, tǎrnŏ*.

tĭt-ĕ́vǒ, +, Petit-Houvin, commune d'Hauteclocque.

tĭgĭ-kǎpèl, ✕, Tilly-Capelle. — Banlieue : *tĭlĭ-kǎpèl*. — Les habitants des villages voisins appellent Tilly-Capelle : *ĕ̀e trǒ à vǎn*, et aussi *ĕ' pǎi à cŏrcèl*.

tŏrsí, Torcy.✕— A Torcy et environs : *tŏrsí*.

trevǎcŏm ou *trĕ́vǒm*, ✕, Troisvaux. — Banlieue : *trĕ́vǒm*.

tǎrkwĕ, +, Tourcoing. — Cette ville jouit, comme Pontoise et Pronay, d'une réputation de béotisme qui n'est plus justifiée aujourd'hui.

ŭkĕ́yĕ ou *ŭkĕ́lĕ*, +, Hucqueliers.

---

[1] Le trou à cailloux. || [2] Cailloux cornus (silex). || [3] Le pays aux sorcières.

ŏklǐ ou *ěklǐ*, -|-, Hucliers.

ǎlŭ, -|-, Hulluch.

ǎmǐnǐl, Maisnil-lez-Saint-Pol. — Voir *mǒnǐl*.

ǎmrǒl, ✕, Humereuil. — Banlieue : *ǒmrǒl*.

ǎmyèr, Humières. — Faubourgs et banlieue : *ǒmyèr*.

ǎdǔ, ✕, Houdain. — Banlieue : *ǒdǎz*.

àrtŏ, -|-, Ourton. — Voir *mŏ*.

àvǔ, ✕, Houvin-Houvigneul. — Banlieue : *ǎrǎz*.

ǎvǐyǒl, Houvigneul, commune d'Houvin-Houvigneul. — Faubourgs et banlieue : *ǒvǐyǒ*.

ǎpi, -|-, Oppy, commune de Baudricourt.

vàkrl, -|-, Vacquerie-le-Boucq.

vàkrǐǒl, -|-, Vacqueriette.

vàlǎtǔ, Le Valentin, commune de Wail. — Banlieue : *vàlǒtǔ*.

vàlǔǒ, -|-, Valhuon — Les vieillards de ce village et des environs le nomment *bǒǒ*. — *Boom, dit le Valhuon (Carte d'Artois, de G. de l'Isle, 1745; Atlas national de 1791).*

vǒrdrǒ, Verdrel, commune de Fresnicourt. — Usité dans le sud-ouest de l'arrondissement de Béthune. — Voici une formulette que les enfants de Verquin récitent; Verdrel y est cité :

> *àgǎs, àgǎs ěl vǒrdrǒ,*
> *àl à trǒvǔ sǒ nǐ défǐ :*
> *àl à demàdǔ ěŝi k' ě ětǐ.*
>   *c'ětǔ mǐ !*
> *à m'à àpělǔ vǎbě pǎri,*
> *àtǎ, àtǎ jùsk'àprǒ pǎk !*
> *ǎ jǒ mětrǒ mǔ vǒrd'-ě kǒs,*
> *mǒ sǒlǔ à klǐk-tàlǒ ;*
> *j'ǐrǒ děkǎvrǐr ět màzǒ*
> *jùsk'à l' dǎryǔ plǒyǒ[1].*

rǐlmà, -|-, Willeman.

vǐyàkǎr, -|-, Wignacourt, commune de Croisettes: Wignacourt (Somme).

> *ěŝ kǒtěrbǒdyǒ d' vǐyàkǎr. — ě' pàǐ à kǒtěrbǒdyǒ[2].*

---

[1] *Agache, agache* de Verdrel, — Elle a trouvé son nid défait; — Elle a demandé qui que c'était. — C'était moi ! — Elle m'a appelé Robin pourri. — Attends, attends jusqu'après Pâques! — Et je mettrai mes verts bas, — Mes souliers à *clique-talon*; — J'irai découvrir ta maison — Jusqu'au dernier *ployon* (*àgǎs*, pie; — soulier à *klǐk-tàlǒ*, dont le quartier est replié sous le talon; — *plǒyǒ*, bâton pliant employé dans la construction des toits de paille). || [2] Les contrebandiers de Wignacourt. — Le pays à contrebandiers.

Une grande partie des habitants de Wignacourt (Somme) exercent la *profession* (?) de contrebandier. Ils vont, montés sur de grands chevaux, isolés ou en bande, acheter des tabacs belges, ou en feuilles, ou de première zône, pour les revendre avec bénéfice en Picardie.

wâkŭmĕ, +, Watieumetz ou Waquemetz, commune de Saint-Michel. — On dit aussi *el ăp dŭ kŏmĕ*, à cause d'un hêtre énorme planté au coin d'un rideau, sur le bord des champs de Watieumetz. Cet arbre fut abattu il y a plus de cinquante ans.

wĭl, +, Wail.

wâktĕ, Wanquetin. — Une grande partie des habitants de ce village pratiquent la religion réformée et sont qualifiés de *ŏ-kâpyŏw*, comme ceux d'Habarcq. Voir *ăbăr*.

V. LIEUX DITS

A la dénomination populaire[1], patoise ou française, de chaque lieu dit, je joins :

1° Le nom de la commune sur le terroir de laquelle il se trouve:

2° La forme *officielle* du lieu dit, avec l'orthographe adoptée dans les actes, les affiches, etc., ou sur le plan cadastral de la commune. Lorsque cette forme officielle manque, je la remplace par une traduction (*en italique*) la plus exacte possible ;

3° L'origine du lieu dit. Cette mention n'en accompagnera qu'un petit nombre : il est, en effet, assez difficile de trouver le pourquoi de ces dénominations, les gens qu'on interroge à ce sujet répondant presque toujours : *ŏn ŏ tădĭ dĭ kŏm cŏ; — ō l l'ŏ tădĭ ăpĕlĕ kŏm cŏ*[2].

ŏsămĕ (Bours). — Le Chametz.

ă sărtălĕ (Averdoingt). — Le Chatouillé.

ă kălĕ (Pernes-en-Artois). — Le Calais.

ă l' kărnwĕ (Pernes-en-Artois). — La Carnoye.

c' bĕk d'ănĕt (Floringhem). — Le Bec d'Anette.

c' blă-păy (Maizières) — Le Blanc-pain.

c' blă-ryĕ (Averdoingt). — Le Blanc Rietz. — Même lieu dit à Bailleul-lez-Pernes.

---

[1] Transcrite en patois de la commune où est situé le lieu dit. || [2] On a toujours dit comme cela ; — on l'a toujours appelé comme cela.

e' bǒ dǒt mǒt (Bailleul-aux-Cornailles). — Le Bois de la Motte. Défriché depuis une trentaine d'années.

e' bǒ d' lǎlǒn (Ternas). — Le Bois d'Allenne.

e' bǒ d' muǒn (Beauvois). — Le Bois des Moines.

e' bǒ kǒtǒw (Marquay). — Le Bois Contaux.

e' bǒ pǒ̧ǒrlǎ (Marest). — Le Bois Pingrelin.

eǒ bǎrbǎkǎn (Sibiville). — Les Barbacannes. Collines escarpées[1].

eǒ bǎrjǒl (Roëllecourt). — Les Bargelles.

eǒ bǎrjǒl (Ligny-Saint-Flochel; — Marquay). — Les Bargilles.

eǒ bǎrzǒl (Saint-Michel). — Les Brezilles.

eǒ blǎk (Bailleul-aux-Cornailles). — Les Blanques.

eǒ blǎkǒrǒy (Pernes-en-Artois). — La Blanchisserie.

eǒ blǎ-lǒcǒ (Œuf-en-Ternois). Les Blancs Linceuils.

eǒ blǎ-mǒ (Saint-Pol). — Les Blancs-Monts. Partie du bois de la Ville; terrain crayeux et en côte.

e' bǔeǒ krǒtǒf (Maizières). — Le Buisson Christophe.

e' bǎlǒ (Pernes-en-Artois). — Le Bouillet[2].

eǒ byǒf (Berles-Monchel). — Les Biefs. — Terrains *byǒfǒü*[3].

eǒ bzǒǒ (Ligny-Saint-Flochel). — La Besace. Champ de forme irrégulière figurant vaguement une *besace*.

eǒ cǎpǒ (Saint-Michel). — Les Sapins. Partie du bois de Saint-Michel plantée d'arbres résineux.

eǒ eǒk (Œuf-en-Ternois). — Les Cinq. Pièce de terre de la contenance de cinq *mesures*[4].

eǒ dǒj (Saint-Pol; — Œuf-en-Ternois; — Ligny-Saint-Flochel). — Les Dix. Pièces de terre contenant dix *mesures*.

eǒ dǒj-tǒt (Saint-Pol). — Les Dix-Huit. Pièce de terre de dix-huit *mesures*.

eǒ dǒmǒcǒ (Conchy-sur-Canche). — Les Dimerons.

eǒ dǒs-sǒt (Monts-en-Ternois). — Les Dix-Sept. Pièce de terre contenant dix-sept mesures.

eǒ fǎjǒkǒ (Valhuon). — Les Flagencots.

eǒ flǎyǒǒw (Croix). — Les Flahaats. Ce nom vient, paraît-il, de la forme des pièces de terre composant ce canton : elles sont toutes très-longues et fort étroites; *eǒ kǒm dǒ flǎyǒ*[5].

---

[1] *bǎrbǎkǎn*, colline escarpée, presque à pic. || [2] *bǎlǒ*, bouleau. | [3] *byǒfǒü*, — à Saint-Pol : *byǒǒrǒǒ*, — se dit d'un terrain où le *byǒf* domine — *byǒf*, terre argileuse, compacte et collante, souvent mélangée de silex. || [4] La mesure (*mǒzǒr*, *mzǒr*) contient 42 ares 91 centiares. || [5] *flǎyǒ*, fléau à battre.

eĕ *fŏr* (Sains-lez-Hauteclocque). — *Les Forts*. Sortes de retranchements de forme ovale qui se remarquent dans le bois de Sains.

eĕ *fŏràtyŏw* (Valhuon). — Les Foratiaux.

eĕ *fŏrtyŏw* (Guinecourt: — Lenzeux). — Les Fortiaux ou Forétiaux.

eĕ *fŏs à kâlŏw* (Saint-Michel). — Les Fosses à Cailloux. Terres contenant beaucoup de silex. — Même lieu dit à Marquay.

eĕ *fŏs à lŏw* (Croisettes). — Le Fossé à Loups. Ravin profond et en partie boisé. — A Marquay : *eĕ fŏs à lŏw*, Les Fosses à Loups.

eĕ *fŏs flŏcĕ* (Ligny-Saint-Flochel). — La Fosse Flochel. Pièce de terre située du côté de Roëllecourt, où, selon la légende, fut trouvé le corps de Saint-Flochel.

eĕ *fŏsĕ kâyñ* (Gauchin-Verloing). — Le Fossé Cagnu. Ravin dont les talus sont en partie crayeux[1].

eĕ *fŏsĕ kŏrnàl* (Roëllecourt). — Les Fossés Cornailles.

eĕ *fŏ* (Saint-Pol; — Saint-Michel). — Les Fonds ou les Fonds-Viviers. Promenade et jardins le long de la Ternoise.

eĕ *fŏ d'ŏtklŏk* (Hauteclocque). — *Le Fond d'Hauteclocque*. Endroit traversé par la route de Saint-Pol à Doullens, et en partie boisé. C'était jadis un lieu redouté des voyageurs, qui craignaient toujours d'y être dévalisés. On le nomme aussi *ĕ pŏ d'ŏtklŏk*, à cause d'un petit pont qui s'y trouve.

eĕ *fŏtĭnĕt* (Saint-Michel). — Les Fontinettes. Petites sources d'eau vive formant un ruisseau qui se jette dans la Ternoise au *Petit-Marais*.

eĕ *frĕmyŏ* (Siracourt). — Le Frémion[2].

eĕ *gàlàf* (Hucliers). — Les Galaffes.

eĕ *gàltwàr* (Denier). — Les Galletoires. Il y a, je crois, dans les terres de ce canton, une assez grande quantité de petits *galets*[3].

eĕ *gàrdĕ-bŏ* (Saint-Pol). — *Les Jardins-Bas*, au sud du faubourg d'Aire; ils étaient autrefois nommés : les Fonds-Viviers de Verloing.

eĕ *gàrĭmĕl* (Magnicourt-en-Comté). — Les Garimelles. Les terres composant ce canton ne sont, en effet, que des *gàrĭmĕl*[4].

eĕ *gŏcĕt* (Hernicourt). — Les Gauchettes.

eĕ *grà-fŏsĕ* (Ramecourt). — Les Grands-Fossés. Ravin profond d'une assez longue étendue.

eĕ *grà-sàr* (Lenzeux). — Les Grands-Sarts.

eĕ *kàfàlŏj* (Rebreuviette). — Les Cafouillages.

eĕ *kâlŏw* (Ligny-Saint-Flochel). — Les Cailloux. Terrains remplis de pierres.

---

[1] *kâyñ*, chenu. ‖ [2] *frĕmyŏ*, — à Saint-Pol: *frĕmyŏ*, — fourmi. Peut-être y a-t-il dans ce canton une grande quantité de ces insectes. ‖ [3] *gàlĕ*, rouler. ‖ [4] Mauvaises terres de nature crayeuse.

eĕ kàprì (Bours). — Les Capris.

eĕ kàràt (Saint-Pol; -- Saint-Michel). — Les Quarante. Etaient autrefois d'une seule pièce contenant quarante *mesures*. — A Bailleul-aux-Cornailles : *eĕ kàtatt*.

eĕ kàt (Saint-Pol). -- Les Quatre. Pièce de terre de quatre *mesures*.

eĕ kàtŏr vĕ (Camblain-l'Abbé). — Les Quatre-Vents. Terrain élevé, exposé à tous les vents.

eĕ kàtŏr (Saint-Michel). — Les Quatorze. Pièce de terre contenant quatorze *mesures*.

eĕ kàà-blà (Bouret-sur-Canche). — Les Champs-Blancs. A cause de la nature crayeuse du terrain.

eĕ kà kàprìĕl (Saint-Pol). — *Les Champs Capriel.* Ces champs sont situés près du *fŏ d' eĕ kàdyŏr*[1], où les *càrcĕl*[2] faisaient jadis leur sabbat[3].

eĕ kàà màdàm (Marquay). — Les Champs Madame.

eĕ kĕž (Ligny-Saint-Flochel; -- Œuf-en-Ternois). — Les Quinze. Pièces de terre d'une contenance de quinze *mesures*.

eĕ kàdyŏr (Ligny-Saint-Flochel). — Les Chaudières.

eĕ kŏklĕ (Pressy; — Tangry). — Les Coquelets. Peut-être les terres de ce canton sont-elles infestées de *kŏklĕ*[4].

eĕ kàrnìlĕ (Beauvois). — Les Cornilliers.

eĕ kàĕà (Torcy; — Royon). — Les Creuées. Prairies situées dans la partie la plus *basse* de la vallée de la Créquoise.

eĕ kàĕjĕt (Bryas; — Beauvois; — Gauchin-Verloing; — Hernicourt; — Œuf-en-Ternois; — Ramecourt; — Saint-Martin-Glise (Wavrans), etc). — Les Croisettes. Lorsque l'on amène à l'église le corps d'une personne décédée dans un hameau ou dans une section éloignée du centre de la paroisse, il est d'usage de planter une petite croix de bois à l'endroit où le chemin du hameau se joint à la rue principale du village. Ces réunions de petites croix, ou *kàĕjĕt*, se rencontrent dans un grand nombre de communes.

eĕ kràp (Floringhem). — Les Crupes[5].

eĕ kràpĕt (Ferfay). — Les Crupettes[6].

eĕ krurĕ (Bours). — Les Croix.

eĕ kàlŏt (Denier). — Les Culottes.

eĕ kàrtijŏ (Aumerval). — Les Courtiseaux.

eĕ kàrtìlàj (Œuf-en-Ternois). — Les Courtillages[7].

eĕ làblĕ (Averdoingt). — Les Héromblins. — Partie des bois d'Averdoingt.

---

[1] Voir ce lieu dit. || [2] Sorcières. || [3] *Capra*, chèvre. || [4] Coquelicots. || [5] *kràp*, partie élevée d'un terrain en dos-d'âne. || [6] *kràpĕt*, petite *crupe*. || [7] *kàrtìlàj*, jardin potager.

eǐ lǐi (Hauteville). — Les Lignes. Ce nom rappelle les lignes fortifiées que le maréchal de Villars fit construire par son armée, en 1710, depuis Oppy jusqu'à Montenescourt. Elles sont encore figurées sur la carte d'Artois de G. de l'Isle (1745).

eǐ grǎd' màljr (Pronay, c^me de Ramecourt). — La Grande Marnière.

eǐ liwǒ (Beauvois; — Œuf-en-Ternois). — Les Livois.

eǐl màljr (Ramecourt). — La Marnière. Colline crayeuse dans le parc du château de Ramecourt.

eǐl mêzûrèt (Saint-Michel). — La Mesurette. Pièce de terre n'ayant de contenance qu'* èn* tit *mèzûr*[1].

eǐ lǒbú (Averdoingt). — Les Hérombus. Bois.

eǐ lǒbyǒ (Averdoingt). — Les Hérombiers. Bois.

eǐ lǒ·· mêzûr (Floringhem). — Les Longues Mesures. Pièces de terre de forme allongée.

eǐ lǎmǐyǒ (Œuf-en-Ternois). — Les Lominiers.

eǐ màljr (Saint-Pol; — Nuncq). — Les Marnières. Terres à sous-sol marneux.

eǐ màrkwǒ (Beauvois). — Les Marquois.

eǐ màrlèt (Saint-Pol; — Saint-Michel). — Les Marnettes. Côte à sous-sol crayeux, situé sur la rive droite de la Ternoise, à l'exposition du sud. On y récolte le meilleur tabac des environs, dit *tàbàk èd màrlèt*[2].

eǐ màrǒn (Œuf-en-Ternois). — Les Maronnes.

eǐ màrwàl (Saint-Pol). — Les Maroilles. Domaine situé à la sortie de Saint-Pol (faubourg d'Arras), au commencement des *màrlèt*. Voir ce mot.

eǐ mǒlǒ (Saint-Pol). — Les Moulins. Il existait autrefois en cet endroit trois moulins à vent, *ǒ al frèn ǒ dǒ a l'ǒl*[3].

eǐ mǒlǐnǒ· (Lenzeux). — Les Molineaux.

eǐ mòt (Diéval). — Les Mottes.

eǐ mǒtàn (Ramecourt). — Les Montagnes. Terrains en côte très élevée, en partie boisés. — Même lieu dit à Sibiville.

eǐ mǒtàn fràp (Gauchin-Verloing). — Les Montagnes Frape. Terrains en côte; à leur pied sont construites plusieurs *bàyòl*[4], dans l'une desquelles demeurait autrefois un individu connu sous le surnom de *fràp*.

eǐ mǒtǐfǒ·[5] (Gauchin-Verloing). — Les Montifaux.

eǐ mǒtǐyǒ (Flers). — Les Montignies.

---

[1] Une petite *mesure*, un peu moins que 42 ares 91 centiares. ‖ [2] Tabac de *marnette*. ‖ [3] Un à la farine et deux à l'huile. ‖ [4] Maison délabrée, d'aspect misérable; par extension, petite maison de peu de valeur. ‖ [5] A Saint-Pol : *eǐ mǒtǐfǒ·*.

eẟ môtwɛ̀ (Beauvois). — Les Montois.

eẟ mɛ́rŏ (Lattre-Saint-Quentin). — Les Meurons. Il y pousse, je crois, beaucoup de *mɛ́rŏ¹*.

eẟ mzûr à bɛ̀rzll (Saint-Michel). Les Mesures à Berzilles.

eẟ nœ̂f (Saint-Pol; — Herlin-le-Sec; — Œuf-en-Ternois). — Pièces de terre de la contenance de neuf *mesures*.

eẟ nwàk̀ kɛ̀ (Rollencourt). — Les Noirs Champs.

eẟ ŏ̲! (Œuf-en-Ternois). — Pièce contenant onze *mesures*.

eẟ pàrɛ̀l (Marquay). — Les Parelles. On trouve dans ce canton une assez grande quantité de *pàrɛ̀l²*.

eẟ pàtɛ̀ (Blangermont). — Les Pâtés.

eẟ pàtûrɛ̀t (Ramecourt). — ... es *Paturelles*. Ce sont plusieurs *petites pâtures* contiguës, situées le long du ruisseau de Ramecourt, au bas d' *eẟ môtûn*.

eẟ plɛ̃́ɑ̂ (Bours). — Les Plans.

eẟ pliẟɛ̀ ou *eẟ paliẟɛ̀* (Valhuon). — Les Poulissets.

eẟ prɛ̀ kàrdɛ̀ (Bours). — Les Prés Cardon.

eẟ prɛ̀l (Marquay). — Les Presles. — Mauvaises terres³.

eẟ prɛ̀ ɛ̂ŵ (Beauvois). — Les Prés Hauts ou les Préaulx.

eẟ prɛ̀zɛ̀̀dɛ̀l (Croisettes; — Héricourt). — Les Pressandars.

eẟ rămŏ̀nɛ̀t¹ (Hucliers; — Bou...). — Les Ramonettes.

eẟ rôbɛ̀́rɛ̀ ou *e' fŏ d' rôbɛ̀rɛ̀* (Ligny-Saint-Flochel). — Les Robertvaux. C'était en cet endroit, dit-on, que les *ɛ̀ɔ̂rɛ̀l⁵* d'Averdoing venaient faire leur sabbat.

eẟ sàblŏ̀yɛ̀r (Humerœil). — Les Sablonnières.

eẟ sàr (Ramecourt; — Fillièvres). — Les Sarts. — A Floringhem : *eẟ sàr.* Les Sarres.

eẟ sɛ̀t (Saint-Pol). — Les Sept. Champ de sept *mesures*.

eẟ sɛ̀t à grɛ̀ (Œuf-en-Ternois) — Les Sept à Grès. Pièce de terre contenant sept *mesures*, dans laquelle on trouve souvent des blocs ou rognons de grès.

eẟ sɛ̀t d'ɛ̀ bŏ (Saint-Pol). — Les Sept d'En Bas. Partie du Bois de la Ville. Il y a aussi *eẟ sɛ̀t d'ɛ̀ ɛ̂ŵ,* les Sept d'En Haut (à la suite des Blancs-Monts, sur le même versant).

eẟ si kàrtyɛ̀ (Saint-Michel). — Les Six Quartiers. Petit bois de la contenance d'une *mesure* et demie⁶, enclavé dans le bois de la Ville (Saint-Pol).

eẟ sis (Saint-Pol). — Les Six. Champ de six *mesures*.

---

¹ Mûre sauvage. ‖ ² Rumex crispus et pratensis. ‖ ³ *prɛ̀l*, terre de peu de valeur, ne produisant que de maigres récoltes. ‖ ⁴ Genista scoparia. ‖ ⁵ Sorcières. ‖ ⁶ *kàrtyɛ̀* = le quart d'une *mesure*.

eŏ sŏrèt (Humières). — Les Sœurettes. Terres qui sans doute ont appartenu à une communauté quelconque de femmes[1].

eŏ tŏrèt (Eclimeux). — Les Terrettes. Terres de peu de rapport[2].

eŏ tèr nŏvé (Saint-Pol). — Les Terres Neuves. Elles sont situées sur l'emplacement du bois de Calimont, qui fut, je crois, le premier bois défriché dans les environs du Saint-Pol. Ce canton est aussi appelé : *e' bŏ d' kălĭmŏ.*

eŏ tèr pŏtyé (Averdoingt). — Les Terres Poteresses. A cause de la nature du sol.

eŏ tĕpliŏ (Hautecloeque). — Les Templiers. Peut-être les terres composant ce canton ont-elles appartenu aux chevaliers du Temple.

eŏ tŏrkèt (Diéval). — Les Torquettes.

eŏ trät (Saint-Pol). — Les Trente. Contenance : trente *mesures.*

eŏ trätsĭs (Saint-Pol). — Les Trente-Six. Contenance : trente-six *mesures.*

eŏ trèŭ (Œuf-en-Ternois). — Les Treize. Contenance : treize *mesures.*

eŏ trèk (Gauchin-Verloing). — *Les Tranches.* Terrain bas, *trèkĭ*[3] par plusieurs fossés.

eŏ trèknèt (Houvin-Houvigneul). — Les Trinquenelles.

eŏ trèt (Gauchin-Verloing; — Saint-Michel). — Les Trente. Champs contenant trente *mesures.*

eŏ trŏ ŏ săp (Rosemont, commune de Saint-Pol). — *Les Trous au Sable.* Carrières de sable aujourd'hui abandonnées.

eŏ trwĕ rĭŏ (Floringhem). — Les Trois Riots.

eŏ vàl ĕ gră (Fontaine-les-Boulans). — Le Val en grains.

eŏ vàlièt[4] (Humereuil). — Les Valliettes.

eŏ vàlĭmă (Bermicourt). — Les Valimans.

eŏ vàl ŏbĕ (Sibiville). — Le Val Aubin.

eŏ vănŏrĕ (Bours). — Le Valmorel.

eŏ vèrs-ĕ rwày (Maizières). — Les Verses Raies.

eŏ vèn (Boubers-sur-Canche; — Vacqueriette). — Les Vignes. Ce nom rappelle la culture de la vigne en Artois.

eŏ vŏ̄w (Flers). — Les Veaux.

eŏ vĕd'-dŏŏ (Saint-Pol). — Les Vingt-deux. Bois d'une contenance de vingt-deux *mesures.* — A Monts-en-Ternois : *eŏ vĕd'-dŏŏ,* champs contenant vingt-deux *mesures.*

eŏ vèt (Œuf-en-Ternois). — Les Vingt. Contenance : vingt *mesures.*

eŏ vĭyŏl ou *eŏ vĭyŏp* (Hernicourt). — Les Vignobles. Appellation rappe-

---

[1] *sŏrèt,* religieuse (subst.). ‖ [2] *tŏrèt* ou *pŭt tèr,* terres peu fertiles. ‖ [3] Tranché, entrecoupé. ‖ [4] *vàlièt* ou *vàlŏyèt,* petite vallée.

lant la culture de la vigne, disparue depuis trois siècles de notre province.

eĕ vŏèĕl (Boyaval). Les Vauchelles. Les terres de ce canton sont remplies de *vŏèĕl*[1].

eĕ vŭ (Œuf-en-Ternois). — Les Vues. Point culminant du terroir.

eĕ wănă (Œuf-en-Ternois). — Les Wanats.

eĕ wăŕŏn[2] (Bours). — Les Warennes.

eĕ wăŕèt (Bours). — Le Champ Woirette.

eĕ ŭŧt (Œuf-en-Ternois). — Les Huit. Pièce de terre d'une contenance de huit *mesures*.

eĕz ălmă (Saint-Pol). — Les Allemands. Dans une pièce du XVIIe siècle, ce lieu dit est appelé : *Le Camp des Allemands*. Une partie des troupes de Charles-Quint campèrent sans doute en cet endroit lors du siège de 1537.

eĕz ărdèn (Pierremont). — Les Ardennes.

eĕz ărgăj (Saint-Michel). — Les Argages.

eĕz ărjílĕt (Blangermont ; — Etrée-Wamin). — Les Argillettes. A cause de la nature du terrain[3].

eĕz ărĕ (Ramecourt). — Les Avents.

eĕz ăyèt (Ligny-Saint-Flochel). — Les Hayettes.

e' fŏsăĕ d' eĕ săôs (Ligny-Saint-Flochel). — Le Fossé des Saules.

e' fŏ d' eĕ rnŏvŏ (Marest). — Le Fond du Renouval.

e' fŏ d'efèr (Anvin). — Le Fond d'Enfer.

e' fŏ d' rŏbèrŏ. — Voir *eĕ rŏbèrŏ*.

e' fŏ jĕnĕ (Marest). — Le Fond Jeannin.

e' fŏ kărbĕ (Œuf-en-Ternois). — Le Fond Courbet.

e' fyĕ (Pernes-en-Artois). — Le Fief.

e' găĕ (Pernes-en-Artois). — Le Guet.

e' gră kĕă (Marquay ; — Floringhem). — Le Grand Champ.

e' gră rĕdyŏŭ (Marest). — Le Grand Rideau.

e' kătèĕ (Œuf-en-Ternois). — Le Cantintin ou le Contentin.

e' kĕă à kăĕŏŭ (Maizières). — Le Champ à Cailloux.

e' kĕă à kŏ (Maizières). — Le Champ à Chats.

e' kĕă fèv ĕd răm (Œuf-en-Ternois). — Le Champ Fève à Rame.

e' kĕă sĕ-mărtaĕ (Œuf-en-Ternois). — Le Champ Saint-Martin. Cette appellation doit avoir une origine légendaire. Saint Martin est le patron de la paroisse d'Œuf.

e' kĕă ăăs (Marquay). — Le Champ Aousse.

e' kĕă ăz ŏyŏ (Bailleul-aux-Cornailles). — Le Champ à Ognons.

---

[1] Convolvulus arvensis. ‖ [2] *wăŕŏn, wăŕèn,* garenne. Terme vieilli. ‖ [3] *ărjílĕt,* terres argilo-sableuses formées par alluvion. — A Saint-Pol : *ărjĭyèt.*

e' kẵ bẽrjẽ (Marquay). — ! Champ Berger.

e' kẵ grẵ rẵk (Bours). — Le Champ Grand Luc.

e' kẵ kẵrlẽ (Bours). — Le Carlet.

e' kẵ mẵdẵm (Marquay). — Le Champ Madame.

e' kẵ nẵsyõnẵl (Marquay). — Le Champ National.

e' kẵ nĩkõlõ (Marest), — Le Champ Nicolas.

e' kẽnẽ (Œuf-en-Ternois). — Le Chénet. Grande plaine au milieu de laquelle se trouvait un gros *kẽn* (chêne).

e' kmẽ d' bẽtẽn (Ligny-Saint-Flochel). — Le chemin de Béthune.

e' kmẽ dẽt bẵtẵl (Diéval). — Le Chemin de la Bataille.

e' kmẽ dẽ pẽlnẵjẽ (Beauvois). — Le Chemin des Pélerins.

e' kmẽ d' pẽrn (Marquay). — Le Chemin de Pernes.

e' kmẽ d' rõkẵr (Marquay). — Le Chemin de Rocourt.

e' kmẽ d' sẽt-õmẽ (Ligny-Saint-Flochel). — Le chemin de Saint-Omer.

e' krõkẽ (Floringhem). — Le Croquet.

e' krõ (Ternas). — Le Crocq. Point culminant du terroir.

e' kẵmõ (Bailleul-aux-Cornailles). — Le Cumont.

e' kẵrtĩ ẵz ẽpẽn (Croisettes). Le Courtil aux Epines.

e' kẵrtĩ kẵpĩ (Noyelle-Vion). — Le Courtil Capy.

e' kwẵrõ (Buneville). — Le Quoirot.

el ẵẽ d' pẵrĩ (Œuf-en-Ternois). — La Haie Parisse.

el ẵrẽr (Bours). — Le Grand Revers.

el ẵryẽ ẽkẽ (Ramecourt). — Le Rietz Hecquet.

el ẵyõ kẽn (Diéval). — Le Hayon Quêne.

el ẵḥẽẽ (Marest). — Le Hérissé.

el ẽrõ (Rebreuve-sur-Canche). — Le Héron.

e' lõ kẵ (Diéval). — Le Long Champ. Pièce de terre de forme allongée.

el ẵẽ (Humereuil). — L'Ouche. Le houx *(ẵẽ)* était peut-être commun, autrefois, dans ce canton.

e' mẵrkẵy (Beauvois). — Le Marquais ou le Marquois.

e' mẽrkẵj (Ramecourt). — *Le Marquage.*

e' mõlẽ à l'õl (Ligny-Saint-Flochel). — Le Moulin à l'huile. Démoli depuis longtemps.

e' mõlẽ d' lĩyĩ (Ligny-Saint-Flochel). — Le Moulin de Ligny. N'existe plus.

e' pẵĩ à pẵr (Floringhem). — Le Pays à part.

e' pẵrkwẵr (Ternas). — Le Parquoir.

e' pẵntyõ (Pernes-en-Artois). — Le Pannetiot.

e' pĩsõyẽ (Maizières). — Le Pigeonnier. Champ qui fut jadis vendu, dit-on, pour un couple de pigeons.

e' pẽdâ (Floringhem). — Le Pendu.

e' pir (Maizières). — Le Pire.

e' pŏ àl trül (Ternas). — Le Pot à la Truie.

e' pŏtyŏ d'àbrẽn (Maizières). — Le Poteau d'Ambrines.

e' pŏ (Ligny-Saint-Flochel). — Le Pont Durand.

e' pü bêlŏ (Maizières). — Le Puits Bellay.

e' rŏdyŏ kâlŏ (Ostreville). — Le Champ Coulon.

e' riŏ tibŏ (Floringhem). — Le Riot Thibaut.

e' rŏ bŏ (Pernes-en-Artois). — Le Bois Rond.

e' tẽruê à pàr (Œuf-en-Ternois). — Le Terroir à part. — A Nuncq : *e' tẽruê à pàr*. — A l'ouest d'Herlincourt, même lieu dit. C'était un vaste espace de 600 *mesures* qui ne dépendait d'aucun village et ne payait aucune charge avant 1790. Ces terres provenaient des Templiers, dit-on.

e' tŏ (Pernes-en-Artois). — Le Tun. Le sous-sol des terres de ce canton est formé par une sorte de schiste rougeâtre nommé *tŏ* dans le pays.

e' vyü mŏlãy (Marquay). — Le Vieux Moulin.

dàryèr ơz ơ (Ligny-Saint-Flochel). — Derrière les Haies.

dzèr ơ prŏ piʃŏ (Œuf-en-Ternois). — Dessus les Prés Pichon.

dzèr lŏ mŏ (Œuf-en-Ternois). — *Dessus les Monts.*

dzã sz êklŏ (Grand-Camp, commune de Saint-Michel). — Sous les Enclos. Partie du bois de Saint-Michel.

dzã e' mŏlŏ à l'öl (Ligny-Saint-Flochel). — Sous le Moulin à l'Huile.

ʃe bèrʃ (Bailleul-les-Pernes). — Le Berche.

ʃe bèrgŏd'sàm (Saint-Michel). — Le Bergodsam. Colline élevée, située non loin de l'église.

ʃe bèrlimŏ (Pernes-en-Artois). — Le Bellimont. De ce point très élevé, dernière ramification des collines d'Artois, on découvre tout le *Plat Pays* et la plupart des villes voisines : Aire, Béthune, Saint-Venant, Cassel, etc.

ʃe bèrnimŏ (Diéval). — Le Berninont.

ʃe bibŏdã (Bailleul-les-Pernes). — Le Bibodin.

ʃe blã kmẽ (Œuf-en-Ternois). — Le Blanc Chemin.

ʃe blã mŏlã (Averdoingt). — Le Blanc Moulin.

ʃe blã pàl (Œuf-en-Ternois ; — Boubers-sur-Canche). — Le Blanc Pays. Terres de nature calcaire, en majeure partie.

ʃe bŏ à ht (Saint-Pol). — Le Bois Hutte. Partie défrichée du Bois de la Ville.

ʃe bŏ ơz ằnèl (Hernicourt). — Le Bois à aunes. Cette essence y dominait autrefois.

ʃe bŏ bàrbê (Herlin-le-Sec). — Le Bois Barbet.

ʃe bŏ bằyŏ (Saint-Michel). — Le Bois Bayon (ou Baillon). Défriché.

www.ingramcontent.com/pod-product-compliance
Lightning Source LLC
Chambersburg PA
CBHW052047270326
41931CB00012B/2666